구글이
달로
가는 길

오래된 IT와 새로운 인문학의
사상 첫 대화가 시작되다

구글이 달로 가는 길

편석준 지음

CONTENTS

CHAPTER 3 인문학의 눈으로 IT 구경하기

CHAPTER 4 새로운 인문학을 도발하는 IT

프롤로그

"왜 페이스북에 음식 사진이 많지?"라고 묻는 소소한 이유

아주 오래전부터 사람이 생각한 것보다 말을 더 많이 한다는 것을 깨달았다. 대부분 사람들의 행동은 상황에 맞춰져 있고, 어떤 신념이나 철학에 근거하고 있지 않다. 다시 말하면, 사람들의 행동은 가정적 · 능력적 결함에 의한 콤플렉스와 타자의 욕망을 자신의 꿈이라고 믿는 근거 없는 목표, 버림받음에 대한 공포에서 오는 갑을 관계 속의 맹목적 헌신 등 필터를 거쳐 최종 단계에 이르게 된다.

가끔 나름 '진지하게' 열변을 토하거나 '성심성의껏' 비판을 하거나 아주 주관적이고 이기적인 관점에서 정당한 척 화를 내는 사람을 보면, 자신을 속일 수 있는 그 근거가 부러울 때도 있다. 자신을 속일 수 있는 근거란, 그 사람이 갖고 있는 작은 자아를 말한다. 자아의 크기가 작기 때문에, 쉽게 자신을 속일 수 있는 것이다.

그리고 언급한 '진지하다'란 말은 고풍스러운 분위기, 음전한 태도, 차분하게 전개해 나가는 논리 등을 뜻하는 것이 아니다. 여기서 말하는 '진지하다'란 것은 자신에 대해서, 타인에 관해서, 사회 속의 그 무엇에 대해서 쉽게 판단과 결정을 내리지 못한다는 뜻이다. 그래서 이런 차원의 '진지함'은 자칫 생각이 복잡해지고 길어질 수 있다. 즉 '진지함'이란 정답이 없다는 것을 인정한 것이나 마찬가지다. 본인의 머리가 나쁘고, 제 판단이 틀릴 수 있고, 어떤 결정에 영향을 미치는 심성이 콤플렉스와 편향으로 차 있을 수 있음을 인정하는 것이다. 중첩된 맥락을 고려하다 보면, 고려하는 것이 많아져 현재의 선악뿐 아니라 미래의 선악까지 판단하기는 더욱 어려워진다. 또한 아무리 신중하고 정중해도 틀려먹은 짓거리를 할 수 있다고 여기는 것은, 상대 역시 그럴 수 있다고 생각하는 것이다.

내가 말하고자 하는 진지함은 실은 틀릴 수 있음에 대한 겸허한 인정이고 그래서, 농담의 시작이 된다. 스스로를 풍자할 수 있게 되는 것에서부터 농담은 시작되고, 인생의 재미가 발로되며(해보고 안 되면 그만!), 다양한 에피소드로 가득 찬 인생 활극을 여는 서막이 된다. 물론, 언제나 농담조로 일관해서는 안 된다.

나는 진지함의 방법 중 하나가 인문학이라고 본다. 흔히 인문학에는 철학, 경제학, 심리학, 사회학, 문학, 사학 등처럼 언뜻 진지해 보이는 학문이 포함되지만, 기실 모두 '농담'으로 가는 표지판들일 뿐이다. 밥벌이를 위한 현실에서는, 당장에는 쓸모없어 보이기까지 하다. 인문학의 현실적 유용성에 대해 진지하게 말하고 싶다면, 일단 본인부터 실천하고 성공한 다음에 말하는 것이 좋다. 말 따위는 누구나 할 수 있고, 말만으로는 그 깊이를 알 수 없다. 자신의 깊이에 빠져들 수 있는 사람은 본인 하나뿐이기 때문이다.

인문학은 잠시 속세를 떠나 속세를 생각해 보는 것이다. 생각을 하는 이유는, 거시적으로 행복을 얻기 위해서이다. 눈앞의 조건을 따져 학교를 선택하고, 직업을 고르고, 배우자를 지명하는 것을 두고 뭐라고 하는 것이 아니다. 대부분 누구나 그렇게 산다. 다만, 결국 내가 어떻게 살아야 행복하게 될지는 꼭 생각해 봐야 한다는 말이다. 가령, 조건을 따져 결혼해야 행복하다고 느낄 사람도 있고 그 반대의 사람도 있다. 하다못해, 자신의 욕망을 다른 방향으로 흐르게 하진 못해도 자신의 욕망에 대해서는 알 수 있다. 솔직히 말하면, 대부분의 사람들은 자신의 욕망에 대해서도 죽을 때까지 모르는 것 같다. 생각해본 적이 없는 것이다. 대부분 타자의 욕망을 자신의 목표와 진로로 삼고, 타자의 눈치를 보며 살아갈 뿐이다.

어쨌든, 인문학의 항로는 '잘난 척'으로 시작해 '무식함'에 대한 인정으로 귀결된다. 이 책에서 거창하게 인문학의 관점으로 IT를 바라봤다고 했지만, 사실은 상식 차원의 시선으로 현실을 구경한 것에 불과하다. 몇십 년 전처럼 과학기술과 우리 일상은 크게 분리되어 있지 않다. 우리의 모든 일상은 IT에 노출되어 있고 또 결합되어 있다. 즉, 우리의 현실은 IT이다. 또한 IT와 과학기술은 계속 발전해 왔고, 앞으로도 당연히 그럴 것이라고 예견된다. 즉, 새로운 기술이 지속적으로 등장할 것이란 사실 자체가 '오래된 사실'인 것이다. 이 관점에서 어두운 미래를 그린 소설과 영화는 많다.

그런데, IT와 한 몸이 된 우리의 일상을 들여다본 글을 본 적은 없다. 가령, 모바일 시대에 대비하는 페이스북의 광고 전략이라든지, 인공지능을 활용한 페이스북의 미래 전략 같은 기사는 있어도 페이스북에 음식 사진이 많은 이유 등을 묻고 답하는 글은 없었다. 이런 질문들을 통해 지금 우리가 도대체 어떻게 살고 있는지, 미시적 차원에서나마 알 수 있을 것이라고 생각한다.

이 책은 나름 인문학적 관점에서 IT를 바라본 것인데, 다르게 말하면 우리의 일상을 조금은 다른 시각에서 관찰하기 위해 약간의 상상력을 발휘해 쓴 것이다. 대부분의

IT서적과 경제경영서가 그러하듯 미래를 위한 미래의 글도 필요하겠지만, 이제 IT가 일상이 된 현재를 위한 현재의 글도 필요할 듯싶다.

2015년,

내 주변의 것들만 무성해지는 계절에

편석준

CHAPTER 1

SNS에 나는 없다

현대인은 나를 찾고 싶다는 욕구는 있지만
그 거울 너머를 보지 않으려 한다.
그래서 계속 자신을 향한 카메라 렌즈를 바라보며
눈을 찡긋거리기만 하는 것이다.

1

셀카봉과
고흐의 자화상

셀피Selfie는 스마트폰 등으로 자신의 얼굴을 촬영하거나 그것을 SNS에 올리는 행위를 말한다. 셀피란 단어는 조용하지만 거대한 바람을 타고 흙먼지를 일으켰고, 그다음에 셀카봉이 출현했다. 최초의 셀카봉은 1983년에 두 명의 일본인이 만들었다. 디지털카메라가 막 등장하기 시작한 80년대 초에, 우에다 히로시와 미마 유지로는 길이 조절 막대와 막대 끝에 카메라를 고정시키는 장치, 그리고 손잡이에 달린 스위치로 구성된 셀카봉을 만들었다. 그들이 만든 셀카봉은 1984년에 일본에서 공개된 다음, 1985년에 미국에서만 특허로 등록됐다(특허번호: US 4530580).

이미 20년이 지나 특허 존속 기간은 끝났지만, 새로운 기능을 조금씩 덧붙인 셀카봉 특허는 지금도 계속 출원되고 있다. 한국에서 셀카봉 관련 특허는 아이폰4S가 출시된 2011년부터 출원되기 시작했는데, 2013년까지는 매년 한두 건 정도만 등록되더니 2014년에 들어서는 8건의 특허가 쏟아져 나왔다. 스마트폰을 고정하는 막대 끝에 링을 달아 스마트폰을 360도로 돌리며 촬영하는 기능 등이 추가된 것들이다. 특이한 것은 이런 특허들을 특허 법인이나 제조사 등의 기업이 아니라, 모두 개인이 출원했다는 점이다.

'2014년 올해의 히트상품 30'에서 셀카봉은 단연 1위로 꼽혔고, 미국 「타임」 지에서도 올해 최고의 발명품으로 선정됐다. 물론 셀카봉이 최근에 발명된 것은 아니지만, 모바일 인프라가 완성된 2014년을 셀카봉이 실제로 발명된 해로 삼아도 될 것 같다. 세계이동통신사업자협회에서 발표한 바에 따르면, 2014년이 지나며 세계 인구보다 개통된 유심 수가 많아졌기 때문이다.

자신의 얼굴을 찍는 행위가 이렇게까지 유행하는 까닭은 무엇일까? 도대체 셀피가 무엇이길래 '셀카봉 신드롬'까지 만들어 낸 것일까? 기록된 것을 기준으로 보면 인류 최초의 자화상은, 자화상이 아닌 자각상이다. 자신의 얼굴을 작품에 새긴 것이 먼저 시작됐다. 플리니우스(Gaius Plinius Secundus, 23~79)가 저술한 『박물지』를 보면, 기원전

6세기의 조각가인 테오도루스는 네 마리의 말이 이끄는 이륜 전차를 모는 자신의 얼굴을 조각했다고 한다.

자화상이 본격화된 것은 인간이 인간에게 집중하기 시작한 르네상스 시대부터다. 14세기 이탈리아의 시인이었던 프란체스코 페트라르카는 "바깥 세계를 탐하지 말라, 너 자신 안으로 가라, 인간의 내면에 진리가 있다"고 말했다. 15세기 이탈리아의 화가 파올로 우첼로Paolo Uccello는 「지오토, 우첼로, 도나텔로, 안토니오 마네티와 브루넬레스키의 흉상Bust portraits of Giotto, Uccello, Donatello, Antonio Manetti, and Brunelleschi」이란 그림을 그렸는데, 이는 당대 유명했던 화가 다섯 명의 얼굴을 그린 것이었다. 비밀리에 자신의 얼굴을 그려 넣던 고대와는 달리 조금 더 뻔뻔스러워지고 당당해진 것이다. 다만, 자신을 드러내고자 하는 마음은 변함이 없었다.

또 손가락으로 하늘을 가리키는 플라톤과 땅을 가리키는 아리스토텔레스가 나오는 그림으로 유명한 라파엘로의 「아테네 학당」에도 개인의 자부심이 반영되어 있다. 플라톤은 다빈치의 얼굴을 따 그렸고, "만물은 흐른다"로 유명한 고대 철학자 헤라클레이토스는 미켈란젤로의 모습을 가져왔다. 라파엘로는 이 54명의 인물 속에 자신의 얼굴도 그려 넣었다.

17세기가 되면서, 자화상은 조금 더 당당하게 등장하기 시작했다. 개인주의가 자본주의와 맞물리며 부흥하기 시작했기 때문이다. 자본주의는 개인주의 없이는 발달할 수 없다. 가령 자본주의에서는 당사자 간에 법을 포함한 형식적 계약에만 이상이 없으면, 아무 문제가 없다. 하지만 예전엔 그렇지 않았다. 대표적인 스콜라 철학자인 토마스 아퀴나스는 "판매자가 자기가 만든 상품을 그 상품의 가치보다 비싸게 팔고, 구매자는 그 상품의 가치보다 더 싸게 산다면, 판매자와 구매자는 서로를 기만하는 것"•이라고 했다.

하지만 자본주의하에서는 개인이 스스로 판단해 결정했다면 아무 문제가 없다. 상품 거래에 의해 이윤이 발생한다는 것은, 어느 정도의 상호 기만을 전제로 하고 있다. 사실, 마케팅도 기만의 영역이다. 겸손과 정직도 마케팅의 영역 안으로 들어가면 교묘하게 기만적으로 이용된다.

당시 네덜란드는 영국이 세계를 제패하기 전에, 가장 발전된 형태의 자본주의 국가였다. 네덜란드는 14세기 초, 당시 가장 많이 소비되던 생선인 청어를 오래 보관하는 방

• 페터 코슬로브스키, 『자본주의 윤리학』, 이미경 역, 철학과현실사, 1999년, 「신학대전」(summa theologica)에서 재인용

법, 즉 청어 염장법을 발명했다. 이 발명에 따른 제조업의 성장으로 네덜란드에는 도시가 만들어졌고, 도시의 형성으로 자연스럽게 돈이 모였다. 네덜란드는 그 돈으로 스페인과 포르투갈로부터 아시아 향신료의 무역 독점권을 빼앗아 왔다.

당시 유럽인들은 계피, 후추 같은 향신료 소비를 원했고, 네덜란드는 아시아로부터 향신료를 수입할 수 있는 항로를 점령하여 향신료 무역권을 독점했다. 당시 네덜란드에서 유화가 발전한 것도 이 때문이었다. 무역 덕에 네덜란드 화가들은 돛을 만드는 데 쓰이던 캔버스와 아마인亞麻仁 기름을 그림에 쓸 수 있었던 것이다.

17세기에 가장 유명한 화가 중 하나인 렘브란트는 네덜란드 출신이다. 당시 네덜란드에서는 자화상을 그리지 않은 화가가 거의 없었다. 렘브란트 역시 약 100점의 자화상을 그렸다. 그중 「웃고 있는 자화상」이란 작품이 있는데, 제목과 달리 그림은 울고 있는 것 같다. 누군가는 이 얼굴을 보고 "마치 화산 폭발 뒤에 남은 자의 모습과 같다"라고 했다. 개인주의가 보편화되면서 혼돈 그 자체인 인간의 내면을 보기 시작했기 때문이다.

19세기 낭만주의 조류가 시작되면서, 이런 경향은 더욱 짙어졌다. 프랑스 인상주의 화가 귀스타브 쿠르베는

"나는 일생 동안 내 마음의 변화를 반영하는 자화상을 여러 편 그렸다. 한마디로 나는 자화상으로 내 생애를 썼다"•고 말하기도 했다.

다시 셀카봉 이야기로 돌아오자. 당연한 말이지만 셀카봉은 자신의 얼굴을 더 잘 찍기 위한 도구이다. 결국, 셀카의 외연에 포함된다. '그림을 그리는 것'과 '사진을 찍는 것'은 엄연히 다른 행위이지만 작자와 모델이 일치한다는 점에서는 같다. 셀카를 찍는 이유로 먼저는 나르시시즘을 생각할 수 있다. 자신의 멋짐 또는 아름다움을 알리고자 하는 마음 때문이다. 그런데 단지 그런 이유밖에 없을까?

정확히 파악하기는 어렵지만 경험상 셀카를 찍은 횟수는 SNS에 공유하는 횟수보다 10배, 100배, 1000배가 넘는다. 특이한 설정과 포즈로 자신의 개성을 알리고자 SNS에 공유하는 사람도 있지만, 누구나 그것이 어느 정도 가면이란 것을 알고 있다. 그것은 SNS 관람객들에게 잘 해야, 한 번의 웃음을 줄 수 있을 뿐이다. 그런데도 단지 나르시시즘 때문에 셀카를 찍고 SNS에 공유한다는 것은 근거가 희박하다.

• 조은정, 「반 고흐의 자화상 전 작품에 관한 연구」, 영남대학교 대학원 석사논문, 1999년

정신학계에서는 나르시시즘을 '자기애성 성격장애'로 규정하고 있다. 물론 셀카를 찍는 사람이 그런 정신질환을 앓고 있다는 것은 아니다. 다만 셀카 행위를 이해하기 위해서는 그런 부분이 참고가 될 것이다. 프로이트는 자기애성 성격장애에 대해 이성의 몸을 대하듯 자신의 몸을 대하는 것이라고 말했다. 즉, 자신의 몸을 응시하고 애무하며 성적 쾌감을 느낌과 동시에 만족을 추구하는 것이다.

조금 풀어서 말하면, 인간은 원래 타인에게 어느 정도 의존성을 보이는 것이 '정상'인데, 나르시시즘에 빠진 사람은 누구의 시선도 의존하지 않고 오직 자신만 본다는 것이다. 다르게 말하면, 타인의 시선을 차단해 버린 것이다. 2014년에 개봉한 「프랭크」란 영화를 보면, 24시간 가면을 뒤집어쓰고 이상한 노래를 부르는 가짜 천재가 등장한다. 가면을 벗는 순간 그는 바보가 되지만, 그래도 가면을 쓰고 있으면 가짜 천재 노릇은 할 수 있다. 그 유아론적이고 아주 좁은 세계 속에서 말이다. 얼굴과 가면 사이, 몇 센티미터에 불과한 그 작고도 짧은 세계.

타인을 피해 달아난 사람들이 닿을 곳은 자기 자신밖에 없다. 한마디로 자신을 찍어 줄 사람, 자신을 봐줄 사람이 없기 때문에 스스로가 모델이 되어 자신을 찍는 것이다. 셀카의 버튼은 실제로는 존재하지 않는 타인의 시선을 창조해 낸다. 사회 속에서 자기 존재에 대한 불안정성은 존재의 부인으로 이어지고, 사회 바구니에서 자신을 끄집어내어 자신만 있는 지하실로 이동한다.

역사가 흘러 근대로 오면서 개인이 등장했다. 아니 개인을 '발명'했다고 해야 할 것이다. 개인주의는, 개인이란 대상 또는 이상을 상정할 수밖에 없었다. 하지만 문제는 정말 개인이란 것이 존재하는가 하는 점이다. 하나의 부품 또는 기호로서의 개인은 있을 수 있지만, 정말 우리는 교과서에서 말하듯이 개성 넘치고 특별한 개인들일까? 더구나 자본주의 발달 이후 상품으로 전락해 버린 우리들이? 아도르노와 호르크하이머가 20세기 초에 쓴 『계몽의 변증법』(문예출판사, 1996년)을 보면 이런 말이 있다.

> 개인들의 요지부동한 태도건 점잖게 자신을 드러내는 태도건, 모두 다 아주 미세한 부분에서 서로 차이가 나는 현관 자물통처럼 대량 생산된 것이다. 자아의 특수성이란 언뜻 보면 자연스러운 말처럼 보이지만, 사실은 사회에 의해 결정된 개인들의 독점 상품이다. 개인의 특수성은 구레나룻, 프랑스적인 억양, 음탕한 여자의 깊은 저음…으로 축소된다. … 사회를 지탱시켜 주는 개인은 사회라는 보기 흉한 상흔을 지니고 다닌다.

세계에서 가장 유명한 '고뇌의 화가' 고흐는 모델을 살 돈이 없어 자화상을 그렸다고는 하지만 그것 역시 표면적인 이유 중 하나다. 고흐가 태어나기 전에, 한 명의 아이가 그의 엄마 배 속에서 죽었다. 그리고 부모는 두 번째로 임신했고 태어난 아이에게 '고흐'란 이름을 붙였다. 그것은 배 속에서 죽었던 아이에게 주려고 했던 이름이었다. "나는 누구인가?"란 질문을 조금 더 솔직히 말하면, "나는 그들에게 무엇인가?"이다. 고흐는 이 질문을 평생 짊어졌을 것이고, 그래서 고뇌로 얼룩진 약 40여 편의 자화상을 그렸을 것이며, 그리하여 끝내는 한쪽 귀를 잘랐을 것이다.

철학자 자크 라캉은 자기 인식 과정에 대해 논의하면서 '거울 단계'란 개념을 설명한다. 거울 단계란 거울에 비친 자신의 이미지와 자신을 동일시하는 것을 말한다. 유아에게 거울이 필요한 이유는 자신을 하나로 통합적으로 인식할 수 없기 때문이다. 파편화된 자신이 도대체 무엇인지 알 수 없기 때문에 거울에 비친 자신의 이미지가 필요하다. 그 이미지는 평안하고 온전해 보이지만, 그것은 사실 이미지일 뿐 내가 아니다. 셀카도 어쩌면 이 거울에 비친 자신의 이미지와 같을 수 있다. 내가 온전히 있음을 인정받고 싶은 욕구, 어떻게든 고작 하나뿐인 자신의 시선을 통해서라도 말이다.

라캉은 거울 단계를 거쳐 기호화된 개인이 사회로 편입된다고 말한다. 어쩌면 셀카를 찍고 바쁘게 사는 현대인들은 사회 구성원으로서 잘 살아가는 것처럼 보이지만, 실제로는 아직도 거울이 필요한 유아 단계인지도 모른다. 현대인은 나를 찾고 싶다는 욕구는 있지만 그 거울 너머를 보지 않으려 한다. 그래서 계속 자신을 향한 카메라 렌즈를 바라보며 눈을 찡긋거리기만 하는 것이다.

2

페이스북에
음식 사진이 많은 이유?

페이스북을 이용하는 사람이라면, "왜 페이스북에는 '좋아요' 버튼만 있을까, 왜 사람들은 페이스북에 그렇게나 많이 음식 사진을 올릴까?"라는 생각을 한 번쯤 해봤을 것이다.

페이스북은 대부분의 사람들이 갖고 있는 몇 개의 단순한 심리를 이용한 서비스이다. 페이스북은 '나를 알려줄게!'란 표어를 이마에 붙이고 '개방성, 명랑함, 가식적, 성공담'이라는 속성을 갖고 있다. 반대로, 페이스북 이전에 한국에서 가장 인기를 끌었던 SK컴즈의 싸이월드는 '나를 알아 줘!'란 공개적이고도 은밀한 슬로건으로 '폐쇄성, 우울함, 솔직함, 실패담'을 지향한다. 떠올려 보면, 싸이월드 시절 사람들은 연인과 헤어지면 같이 들었던 배경

음악을 깔고 '망각은 기억을 위해 존재한다'는 식의 알 듯 말 듯한, 단어 몇 개를 가지고 '썸'을 타는 듯한 짧은 글을 달기도 했었다.

싸이월드가 쇠퇴하고 페이스북이 흥한 데에는 비즈니스 측면에서 봤을 때, 모바일 전환기에 싸이월드가 빠르게 대응하지 못한 점을 원인으로 꼽을 수 있다. 또 페이스북이 미국판 싸이월드인 마이스페이스를 누른 것도 몇억 명의 가입자가 모일 때까지 이용자들을 피곤하게 하는 광고를 하지 않았다는 점이 성공 요인이다.

하지만 간과할 수 없는 요인은 위에서 말한 서비스 이면에 있는 거대한 심리 기제 경쟁에서 싸이월드가 패했다는 것이다. 굳이 IT 서비스가 아니라 해도, 어떤 일이 시작부터 끝까지 가려면 '본질'을 반드시 해결해야 한다. 어느 정도는 부정적 심리를 근간으로 했던 싸이월드는 태생적으로 확장성이 부족했다. 가령, 철학과 문학은 모두 내면을 탐구하는 도구이자 일정한 성취를 하면 그 자체가 학문 또는 예술이 되기도 한다. 반면 둘이 다른 점은, 철학은 내면으로 파고든다는 것이고 문학은 대중성을 버리지 못하고 외부로 확장된다는 점이다. 따라서 본질이 내면 지향적인데, 서비스는 확장되기 바란다는 것은 모순이다.

SNS에서는 심리 기제가 중요한 부분으로 작용하는 까

닮에 SNS계의 강자들은 서로를 닮아 가고 있다. 페이스북이 도입한 그래프 서치graph search는 이용자들이 스스로 올린 개인 데이터를 근간으로 제공되는 검색 서비스다. 가령, 페이스북 검색창에 '나와 사진 찍은 친구들'이라고 입력하면, 내가 태그된 사진들이 모두 나타난다. 또 '나와 같은 고등학교를 졸업하고 현재 서울에 사는 미혼 남자'로 검색하면 그 조건에 해당되는 검색 값이 모두 보인다. 물론, 페이스북은 페이스북 안의 데이터로만 검색 결과를 제공하는데 여기에는 구글의 SNS인 구글플러스를 견제하기 위한 이유도 있다.

페이스북에서 검색 시 사용되는 해시태그(#기호와 특정 단어를 붙여 쓴 것)는 원래 트위터에서 가장 특징적으로 사용되던 기능 중 하나였다. 트위터 역시 고객 타임라인custom timelines이란 새로운 기능을 내놓으며 페이스북의 타임라인을 어느 정도 복사해 갔다. 고객 타임라인은 트위터 사용자가 관심 있어 하는 모든 콘텐츠(뉴스, 이슈, TV, 스포츠 경기 등)를 타임라인 형식으로 모아 볼 수 있게 하는 서비스다. 트위터에선 기존에도 해시태그를 이용해 키워드 별로 검색해 볼 수 있었지만, 페이스북의 뉴스피드처럼 이용자의 별도의 개입 없이도 콘텐츠들이 자동으로 업데이트되지는 않았던 것이다.

페이스북 이용자는 자신이 느끼는 행복감을 공유(솔직하게 말하면 자랑)하고 싶어 한다. 그렇게 자랑하고 싶기에 '행복한 척하는' 심리 전도 현상의 결과물이 페이스북 콘텐츠의 대부분을 구성한다. 하지만 사람들은 행복한 얼굴 사진 자체는 잘 올리지 않는다. 자신의 행복함을 증명하기 위해 사람들과 함께 있는 사진이나, 홀로 있을 때는 여행 속 멋진 사진을 업로드한다. 이러한 행복 증명은, 한마디로 눈길을 끌기 위한 술책이다.

행복 증명을 위해 가장 많이 이용되는 소재는 단연 음식 사진이다. 페이스북의 음식 사진이란 오브제는 지난 몇 년 동안 계속 흥행하고 있는 '먹방'과는 성격이 다르다. 채워지지 않는 욕망, 꺼지지 않는 허기가 먹방을 보편화시킨 이유라면, 페이스북에서의 음식 사진 업로드는 개인적인 심리에 연유한다. 단체 사진이 올라갈 때 음식은 배경으로 밀려난다. 외롭지 않다는 것만으로도 행복감을 표현하기에는 충분한 증명이 되기 때문이다. 술자리의 보글보글 끓는 안주 사진만으로도 여러 사람과 함께 있다는 증명이 되고, 와인글라스와 그 뒤로 살짝 보이는 멋진 인테리어 한 조각만으로도 연인과 함께 있다는 것이 직간접적으로 드러나기도 한다.

말하자면 페이스북에서의 음식 사진은 이용자가 자신

의 행복한 얼굴을 대신해 올리는 것이다. 자신의 얼굴을 음식 사진에 투사한 것인데, 그대로 투사한 것이 아니라 카메라란 굴절을 한 번 거쳐 투사된 것이다. 'Projection(투사)'의 어원은 '앞으로(pro) 던지는 것(jection)'이다. 추상적으로는 '어떤 의미를 미래에 던진다'는 뜻인데, 이때는 '수행 계획'이라는 의미이다. 페이스북에서의 음식 사진도 '어떤 의도를 친구들에게 던진다'는 의미다. 이처럼 페이스북은 아주 단순한 몇 가지 심리로 작동하는 하나의 거대한 프로젝트다.

그렇다면 왜 하필 음식 사진일까? 일단 음식은 올리는 사람이나 보는 사람이나 부담 없이 인지할 수 있는 직관적 소재이기 때문이다. 긴 문장을 써 놓으면 스크롤이 바로 내려간다. 올리는 사람이 그 점을 알기 때문에 음식 사진을 올리는 것이고, 페이스북은 그 심리를 다시 이용해 단순히 SNS가 아닌 미디어 플랫폼이 될 수 있었다. 이것이 페이스북이 현재 SNS 비즈니스 세계에서 최강자로 군림할 수 있는 이유 중 하나일지도 모르겠다.

3

페이스북에는 비밀 여자 친구가 살고 있다

원래 페이스북은 미국 대학들이 새 학년이 시작되는 학기 초에 나눠 주는 학생명부를 지칭했다. 거기에는 학생들의 얼굴 사진과 이름 등의 간략한 정보가 소개되어 있다. 페이스북의 최초 버전인 페이스매시는 주커버그가 8시간 만에 만든 것으로 사용자들이 두 인물의 사진을 비교하고 누구의 외모가 더 나은지를 단순히 결정하면 되는 시스템이었다. 한국에서 한때 유행했던 예능 프로그램인 「이상형 월드컵」과 유사하다. 실제로 주커버그는 페이스매시를 만들 때, 체스 선수들의 랭킹을 매길 때 사용하는 컴퓨터 코드와 동일한 것을 사용했다. 페이스매시 서비스를 띄우며, 주커버그는 2003년 11월 2일 하버드 대학교의 홈페이지에 아래와 같이 썼다.

우리가 외모로 하버드 대에 입학했는가? 아니다.

우리는 외모로 판단될까? 그렇다.

페이스북은 태생부터 가치 판단의 장소였다. 하지만 현재 페이스북 이용자는 전 세계적으로 12억 명이 넘는다. 똑똑한 페이스북은 개인의 가치를 평가하는 곳이란 본질을 흐릿하게 '인식 또는 착각'하도록 만들었다. 우리는 자신이 올린 게시물에 '좋아요' 숫자가 적게 달리면 속상해 한다. 또, 인맥을 과시하기 위해 현실에서는 친구가 아니면서 페이스북상에서 '먼 친구'로 설정하는 경우도 많다.

페이스북은 '친한 친구', '아는 사람', '먼 친구'의 3단계의 인맥 관리 서비스를 제공하고 있다. '친한 친구'는 친구의 모든 게시물을 볼 수 있다. '아는 사람'은 친구의 담벼락에 직접 가면 모든 게시물을 볼 수는 있지만, 뉴스피드에는 잘 나타나지 않는다. '먼 친구'의 경우에는 친구가 자신의 담벼락에 게시물을 업로드할 때 '전체 공개'로 설정해야만 볼 수 있다.

페이스북이란 가상의 공간에서 시작된 친구 관계가 정말 친구가 되는 일은 쉽게 일어나지 않는다. 영국 4개 대학 연구진이 페이스북 이용자 508명을 대상으로 설문조사를 벌인 결과, 페이스북에 자기 사진을 너무 많이 올리면 현실의 인간관계가 나빠진다는 결론을 얻었다고 한다. 현실에서도 정말 친한 사람이 페이스북 친구일 때는 자신의 사진을 게재했을 때 친밀도가 올라갔지만, 페이스북에서만 친구일 때는 반대로 친밀도가 낮아졌다고 한다. 이는 마치 우리가 페이스북에서 별로 관심 없는 기업의 광고들이 자꾸 노출될 때 느끼는 불편함과 비슷한 것이다.

페이스북 이용자들은 이러한 불편함을 어느 정도는 감수하며 살아간다. 하지만 초창기에는 그렇지 않았다. 2006년 9월에 페이스북이 서로의 소식을 자동으로 업데이트해주는 '뉴스피드'라는 기능을 제공하자, 무려 500여 개에 이르는 항의 집단이 생겨났다. 업데이트된 자신의 상태나 사진이 친구들에게 즉시 보이는 게 싫었던 것이다. 이에 페이스북은 자신의 프로필과 게시물에 차등을 설정할 수 있게 만들었다. 이것이 현재 페이스북이 대대적인 성공을 거둔 밑거름이 되었다. 친구인 듯, 친구가 아닌 듯, 이 애매한 줄타기가 페이스북 비즈니스의 핵심인 것이다.

여기에서 한 걸음 더 나아가, 브라질의 웹사이트인 나모로페이크닷컴블NamoroFake.com.br은 우리 돈으로 약 2만 원을 지불하면 페이스북상에서 가짜 여자 친구를 1주일 동안 만들어 준다. 통상 남자들이 헤어진 여자 친구에게 질투심을 유발하기 위해 사용한다고.

로맹 가리의 소설 『하늘의 뿌리』(문학과지성사, 2007년)에도 가짜 여자가 나온다. 2차 세계대전 중 독일군에 의해 포로수용소에 갇힌 남자들은, 인간으로서 최소한의 품위를 유지하기 위해 가상의 아름답고 우아한 여자를 만든다. 최악의 상황에서도 인간성을 유지하기 위해, 고국을 배신하라는 협박과 고문을 이겨 내기 위해서 말이다. 물론 이런 가짜 여자 친구는 나모로페이크닷컴블에서 만들어 주는 가짜 여자 친구뿐 아니라 심지어 진짜 여자 친구보다도 더 진실성 있다.

하야가와 이쿠오의 『이상한 생물 이야기』(황금부엉이, 2006년)란 책에는 '흉내문어Mimic Octopus'란 인상적인 동물이 나온다. 발리 섬 근처에서 발견된 흉내문어는 게, 가오리, 바다뱀, 쏠배감펭, 해마, 해파리 등 40종이 넘는 동물들을 '제대로' 흉내 낼 수 있다고 한다. 우리는 페이스북에서 흉내문어처럼 사는 것은 아닐까? 우리는 친구란 단어를 좋아한다. 그 단어가 내포하는 최고의 의미가 무엇인지 알고 있기 때문이다. 하지만 지금 우리의 손가락은 페친의 게시물을 넘기고 페이스북이 틀어 주는 재미난 영상이나 뉴스에서 멈춘다. 가족끼리 말 없이 TV 앞에 앉아 멍하니, 그리고 쓸데없이 입 벌리고 있는 것과 다를 바가 없다.

페이스북에서의 나는 왜곡된 자아일 수밖에 없다. 평소 상냥하던 사람도 운전만 하면 욕쟁이가 되는 경우가 있듯이, 페이스북에서는 그렇게 따뜻하고 친절했던 사람이 막상 만나 보면 늘 화난 표정을 짓고 있다. 피카소는 모더니즘 조류 중 하나인 입체파의 대표적인 화가다. 그의 가장 유명한 그림인 「게르니카」를 보면 정말 입체적으로 자신이 본 그대로의 세상이 그려져 있다. 또, 이집트 시대의 벽화를 보면 원근법이 완전히 무시돼 있다.

이 그림들처럼, 페이스북에서 나의 자아가 왜곡돼 있다면 친구의 자아도 왜곡돼 있는 것이고, 우리는 왜곡된 채로 서로를 보고 있는 것이다. 프리드리히 니체는 이런 왜곡을 극복하기 위해 세계를 원근법적으로 봐야 한다고 했다. 하지만 인간이 그 무엇을 절대적인 객관성을 가지고 보는 것은 불가능하다. 한 개인이 평생 살며 획득한 '누적된 선입견'을 완전히 버리는 것은 어렵기 때문이다. 우리가 이미 갖고 있는 선입견을 인정하는 것 자체가 최선일 것이다. 하지만 페이스북은 가상의 친구는 늘려 줬지만, 서로의 진면목을 제대로 보기는 더욱 어렵게 만들어 버렸다.

4

있는 것만으로 다행이다, 제로 커뮤니케이션

‘요Yo’라는 SNS를 아는가? 이 SNS의 가입자는 등록한 친구들에게 오직 한 마디, ‘요Yo’만 보낼 수 있다. 다른 문자를 포함해서 사진도 보낼 수 없다. 버튼을 클릭하는 순간 오직 ‘요’만 보낼 수 있고, 친구로부터도 ‘요’만 받을 수 있다. 흥미로운 것은 이 단순무식한 서비스가 자그마치 120만 달러를 투자받았고, 100만 명 이상이 다운로드를 받았다는 사실이다.

하루 동안 인간이 말하는 단어는 여자가 평균 3만 개, 남자가 2만 개 정도 된다고 한다. 이 가운데 다소 습관적으로 하는 말을 제외하면, 실제 ‘표현한다’고 할 수 있는 단어는 얼마나 될까? 희한한 것은 표현을 제대로 하고자 마음먹으면 말수는 점점 줄어든다는 것이다. 그래서 마지막에는 침묵조차도 표현이 된다. 악보에도 쉼표와 휴지 부분이 있고, 그림에서는 여백, 시에서는 행간이 중요한 역할을 하는 것처럼 말이다.

떨어지는 별, 유성을 소재로 한 두 편의 시가 있다. 첫 번째 것은 「소나기」의 작가로 유명한 황순원의 아들인 시인 황동규의 「유성」이란 시이고, 그 아래 것은 고은 시인의 「별똥」이란 작품이다.

「유성」

뜰 곁에 말없이 서서 사소한 많은 일을 생각하다가
거기 몸 부비며 내려오는 유성流星

어디선가 밤새가 울며
기쁨 속에서나 슬픔 속에서나
항상 내 하나의 외로운 것에로
이끄는 것.

그러나 어느 날

그도 나에게 하나의 사소한 일로 될 때에

비로소 그의 참모습을 발견發見할 수 있을 것이다.
비로소
무심히 사랑해 온 것을 發見할 수 있을 것이다.

「별똥」

옳거니 네가 나를 알아보누나!

「유성」은 유성이란 대상을 향해 시인의 마음을 투사한 것이고, 「별똥」은 유성을 철저히 외부적 소재로 삼아 그저 시인의 마음을 드러낸 것이다. 이렇게 같은 소재로 시를 써도 표현 방식과 문장 길이가 다르다. 달리 말하면, 문장의 길이 또는 사용된 단어의 개수는 표현의 한 방식들이며 또한 마음을 잘 드러내기 위해 적절하게 이용될 뿐이다.

하지만 '요'가 다른 표현 방식과 다른 점은, 단어를 고를 수 없다는 것이다. 오직 '요'라는 한 단어만 쓸 수 있기 때문에 질문과 대답조차 구분되지 않는다. 물론, 정황과 맥락에 따라 뉘앙스가 달라질 수 있다.

먼저 '요'라는 메시지를 보낸 사람이 질문은 아니지만 질문에 가까운 커뮤니케이션을 했다고 볼 수 있다. 평소에 짝사랑하던 사람에게 자정쯤 '요'라는 메시지를 보냈다면 그것 또한 나름의 의미가 있을 것이다. 아니면, 정오에 다섯 명의 사람을 만나기로 약속을 했는데, 모임을 주도한 사람이 11시 30분경에 '요'라는 메시지를 보내면 알람의 역할을 할 수도 있다. 이 모든 맥락에서 유통되는 커뮤니케이션의 공통점은 '요'라는 상대가 있는지에 대한 '존재 확인'에 기반하고 있다는 점이다.

커뮤니케이션을 하기 위해서는, 먼저 대상이 있어야 한다. '요'라는 SNS는 커뮤니케이션을 하기 위한 멍석의 역할까지만 하고, 그것만으로 충분하다고 받아들이는 듯하다. 사실, 현대인에게 있어 '존재 확인'은 중요하다. 현대인이 개성을 상실했다는 것은 자신이 어떤 사람인지 모른다는 의미다. 그러니 누구를 만나야 외로움을 덜고 사랑을 할 수 있는지도 모른다. 열쇠의 돌기와 자물쇠의 홈이 맞아야 하는데, 어떻게 돌기됐는지 모르고서는 맞는 홈을 찾을 수 없는 것이다.

일본 엽편소설(콩트) 작가 호이 신이치의 『봇코짱』이란 소설을 보면, 간단한 말밖에 할 줄 모르는 로봇 봇코짱에게 위로받는 인간들이 등장한다. 게다가 술집 매니저가 만든 봇코짱이 술을 먹는 척하며 뒤꿈치에 저장해 다시 파는 속임수를 펼쳐도 사람들은 아랑곳하지 않는다. 사람들은 그 사실을 모르지만 안다 해도 그 술집에 계속 왔을 것이다.

봇코짱은 인공지능 수준이 낮아, 대화를 주도적으로 이끌기는 불가능하고 맞장구치는 수준밖에 안 된다. 소설 속에서는 봇코짱의 간결한 대답이 도도해 보여 인기를 끌었다고도 하지만, 실은 그것보다는 자기가 한 말에 있는 그대로 반응해 주는 봇코짱에 사람들은 감동을 느꼈을 것이다. 인간 사이에 오고가는 수다 중에 과연 10%라도 공감이 이루어지고 있을까? 아무리 길게 얘기해도, 사람은 자신에게 관심이 있는 소재나 해야 할 일을 위주로 재확인하는 경우가 많다.

'요'는 모바일 인프라 완성 후에 범람하는 SNS의 시대 속에서 차별적으로 등장한 SNS라고 할 수 있다. '요'의 존재를 처음 알게 됐을 때, 알프레드 알바레즈가 쓴 『자살의 연구』란 책이 떠올랐다. 책의 서문에는 테드 휴즈와 실비아 플라스 부부의 얘기가 나온다. 두 명 모두 시인으로 남편 테드 휴즈는 영국에서 계관시인이 될 정도로 높은 명성을 누렸다. 실비아 플라스도 천재였다. 그녀의 시가 처음 활자화된 것이 여덟 살 때였고, 웰리슬리 고등학교를 다니면서는 학생이 탈 수 있는 상은 모조리 탔다. 스미드 대학에서 줄곧 장학금과 스트레이트 A를 받았고, 미국 대학교의 우등생들로 조직된 친목회인 파이 베타 카파Phi Beta Kappa의 회장이었으며, 뉴욕의 「마드모아젤」 지는 이미 그녀를 유명인 취급했다. 그녀는 풀 브라이트 장학금을 받고 영국 케임브리지 대학으로 갔으며, 그곳에서 남편을 만난 것이다.

하지만 실비아는 우울증에 시달리고 있었다. 책에서는 어린 시절 죽은 아버지에 대한 기억이 그녀의 마음에 상흔을 입혔을지도 모른다고 추정한다. 그녀에게 성인成人이란 살아남은 자survivor를 뜻했다. 대학 시절에 이미 신경쇠약을 겪었고 자살 시도도 했었다. 결혼 후 그녀가 두 아이를 낳고 기르는 사이 남편은 시인으로 큰 명성을 얻어 가고 있었다. 그녀는 죽기 얼마 전에 다음의 시를 남겼다.

여인은 완성되었다.
그녀의 죽은
몸뚱아리는 성취의 미소를 걸치고 있다
……
똘똘 감긴, 죽은 아이들은 하나씩의 하얀 뱀
……
그녀는 그 죽은 아이들을 되접어
자신의 몸뚱아리 속에 집어넣는다.•

• 알프레드 알바레즈, 『자살의 연구』, 최승자 역, 청하, 1995년

이 책의 서문에서 가장 인상적인 것은 그녀가 자살하기 전날에 두 사람에게 연락하는 대목이다. 그녀가 연락한 첫 번째 사람은 자신의 집 바로 아래층에 사는 늙은 화가였다. 실비아는 우표를 빌린다는 핑계를 대며 찾아가, 자신이 아침 9시 전에는 꼭 일어난다고 말했다. 그리고 새로 온 가정부에게는 다음 날 아침 9시에 오라고 재확인을 했다. 실비아가 자살한 날 아침에 한 일은, 가정부가 오기 전에 아이들을 위해 우유와 식빵을 준비한 것이었다. 그리고 그녀는 모든 문과 창문을 꼭꼭 막고 가스를 틀었다.

하지만 가정부가 열리지 않는 문을 아무리 두드려도 아래층 화가는 꿈쩍도 하지 않았다. 그는 귀가 잘 들리지 않았던 것이다. 결국, 건축업자들이 문을 열었을 때 실비아는 이미 가스 중독으로 죽은 뒤였다. 그녀가 남긴 마지막 메모는 "제발 의사를 불러 주……"였다.

혹시 '요'라는 짧은 단어를 현대적으로 해석한다면 "도와 달라"는 외침 중의 하나가 아닐까?

5

비트윈, 그리고 나와 너

2011년 11월까지, SNS는 모두 개방형이었다. 그 당시, 세계 최초로 커플 앱을 표방하며 등장한 비트윈Between이 있다. 비트윈은 연인 둘만의 공간으로 만들어진 폐쇄형 SNS였고, 개방형 SNS에 피로를 느낀 사람들이 대거 다운로드를 받았다. 2015년 3월에는 누적 다운로드 1천4백만 건을 돌파했고, 이 중에 절반은 해외에서 이루어졌다. 비트윈은 20대 후반의 서울대 출신들이 주축이 돼 만든 앱으로, 회사 이름은 VCNC이며(VCNC는 Value Creators & Company의 약자) 새로운 가치를 창조하겠다는 의미이다. 현재 비트윈은 연인 관계에서 생성되는 선물, 꽃 배달 등의 시장에 하나씩 진출하고 있다. 연인들의 폐쇄형 SNS에서 출발한 비트윈은 상거래 및 광고 시장까지 진출 가능한 버티컬 플랫폼이 되어 가고 있다.

창업자들이 여기에 동의할지는 모르겠지만, 비트윈은 연인 간의 사랑을 '더 좋게' 만들어 주기 위한 IT 서비스다. 그 목적을 위해 비트윈이 기능적으로 보조재는 될 수 있어도 근원적인 도움은 주지 못할 것이다. 가령, 아마존이 IT의 힘을 활용해 배송 서비스를 개선할수록 사람들의 생활은 조금씩이지만 근원적으로 달라진다. 하지만 사람 간의 관계에 있어 IT 서비스는 기능적으로 아무리 우수해도, 또 현재 도움을 많이 받았다 해도 좋지 않은 결과를 불러올 수도 있다.

연인 간에 많은 말을 주고받고, 많은 것들을 공유하는 것은 도움이 될 때도 있고, 안 될 때도 있다. IT 서비스는 인간관계를 좋은 방향으로 촉진하기 위한 도구는 될 수 있지만 결코 계몽의 도구는 아니기 때문이다. 마르틴 부버는 『나와 너』(문예출판사, 1998년)에서 이렇게 말했다.

> 너에 대한 관계는 직접적이다. 너와 나 사이에는 어떠한 개념도 형태도, 어떠한 예비 지식도, 어떠한 환상도 없다. 모든 매개물은 장애물이다. 만남은 모든 매개물이 무너져 버린 곳에서만 일어난다.

이 문장으로만 보면, 비트윈은 매개물인 척하지만 나와 너 사이를 가로막는 방해물일 뿐이다. 예전에도 항상 함께 있지 못하는 연인을 위해, 그들 사이에서 말을 주고받게 하는 많은 매개물이 있었다. 도스토옙스키의 첫 번째 소설인 『가난한 사람들』은 늙은 하급 관리인 마카르 데부시킨과 가난한 처녀인 바르바라 도브로셀브라가 주고받는 편지로 이루어져 있다. 소설은 바르바라가 빚을 갚기 위해 부자에게 팔려가듯 시집가는 것으로 끝이 난다. 그렇게 두 사람이 이별하기까지의 '심리적 역사'를 도스토옙스키는 서간 구성을 통해 잘 그려 냈다.

만약, 두 사람이 손편지가 아닌 비트윈으로 대화했다면 어땠을까? 과연 그들의 사랑이나 상황 자체가 달라졌을까? 또한 사소한 말이나 도구의 도움으로 관계가 근원적으로 달라진다면, 그것이 과연 사랑일까?

마르틴 부버는 『나와 너』에서 세상에는 두 개의 근원어根源語가 있다고 했다. 두 개의 근원어는 낱개의 말이 아니라, 분리나 구분할 수 없게 묶여진 '짝말'이다. 그래서 독립적으로 존재하는 '나'라는 것은 없다.

> '나'란 그 자체가 없으며, 오직 근원어 '나-'의 '나'와, '나-그것'의 '나'가 있을 뿐이다.

말하자면 연인 사이에서는 '나-너'의 '나'가 있을 뿐이다. 그런데 우리는 연인의 전체적인 모습을 쉽게 경험할 수 없다. 우리가 알고 있는 연인의 모습은 전체성 없이 조각난 것일 경우가 많다.

> 선율은 소리의 모임으로 이루어진 것이 아니며, 시는 낱말들, 그리고 조각은 선들의 모임으로 이루어진 것이 아니다. 사람이 이것들을 무리하게 당기고 잡아 찢는다면 통일체는 여러 가지 요소로 분해될 수밖에 없다. 이것은 '나'가 '너'라고 부르는 사람의 경우에도 마찬가지다. 나는 그의 머리카락 색깔이라든지 그의 말하는 투, 또는 그의 품위를 높이는 색깔을 그에게서 끌어낼 수가 있다. 실상 나는 언제나 그렇게 할 수밖에 없다. 하지만 그것은 '너'가 아니다.

우리는 연인을 '나-너'의 관계에서 보지 않고, '너-그것'의 관계 속의 '너'로만 본다. '너'가 갖고 있는 겉으로 보이는 특징과 조건들, 처한 상황과 환경 속에 있는 '너'만 보기 때문에 근원적인 '나-너'에서의 '너'를 보지 못한다는 것이다. '너'는 사물이 아닌데, 우리는 사물로 둘러싸인 그 관계망 속에서의 '너'를 본다는 것이다.

근원적인 '나-너'가 되기 위해서, 우리는 현재에서 '나

–너'로 묶여야 하고, 그 사이에 사랑을 두어야 한다. 감정은 각 개인의 마음속에서 비롯되는 것이지만, 사랑은 두 사람 사이에 있다. 즉, 감정은 소유되는 것이지만 사랑은 두 사람의 관계에서 생겨나는 것이다. 관계는 두 사람 사이에 거리가 있음을 전제로 하는 것으로, 이러한 거리에 대한 인정에서부터 사랑은 생겨난다. 자신이 소유한 감정으로 사랑을 소유하게 해서는 안 된다. 사랑은 '나'가 아니라 '나–너'의 현재에 있다.

모든 SNS는 과거의 커뮤니케이션을 활용해 비즈니스를 만든다. 그리고 현재의 커뮤니케이션은 돈벌이를 위한 빅데이터 속으로 빨려 들어간다. 비트윈이란 폐쇄형 SNS는 사랑을 해결해 주지도, 그렇다고 더 불리하게 만들지도 않는다. 그것은 하나의 도구일 뿐이다. '폐쇄적으로' 묶일 만큼 두 사람의 거리가 좁혀졌다면 이제 두 사람의 개성을 존중하며 묶이되 영원히 좁혀질 수 없는 '거리'를 인정해야 한다. 그리고 그 사이에는 사랑이 있어야 한다. 우리가 지금 연인 흉내를 내고 있는 것인지, 진정한 연인인지 한 번쯤 생각해 볼 필요가 있다.

6

페이스북, 세상에서 가장 큰 앨범

알퐁스 베르티옹(Alphonse Bertillon, 1853~1914)은 프랑스 파리에서 활동한 경찰로, 사진을 활용하여 과학적으로 개인을 식별할 수 있는 방법인 베르티오나지Bertillonnage를 만든 사람이다. 그에 따르면 사진은 "최대한 알아보기 쉬운 이미지, 최대한 대상을 식별하기 쉬운 이미지를 생산하는 도구로" 쓰여야 했다. 그는 파리 경시청의 신원확인부 반장이었는데 사진으로 범죄자를 식별해야 했기 때문이다. 그는 사진을 항상 동일한 환경과 각도에서 찍어야 한다고 주장했다. 같은 인물을 찍더라도 다양하게 짓는 얼굴 표정으로 인해 동일 인물로 느끼지 못할 수 있기 때문이다.

최근 컴퓨터를 활용한 얼굴 인식 방법이 활발히 연

구되고 있다. 그중에 PCA(주성분 분석, Principal Component Analysis)라는 방식은 얼굴의 주요 부분만을 분석하여 인식하는 방법이다. 두 눈 사이의 거리, 코의 길이와 너비, 광대뼈 주변의 형태, 턱 선의 길이와 모양을 대조 분석해 인식하는 방식이다. 다만, 베르티옹이 말한 것처럼 PCA 방식을 쓰기 위해서는 대조되는 두 사진의 크기와 촬영 당시의 조명 세기가 같아야 하고, 눈과 코의 정렬선도 일치해야 한다.

얼굴을 인식하는 다른 알고리즘에는 LDA(선형 판별 분석, Linear Discriminant Analysis)란 방법도 있다. 이것은 동일한 인물에 대해 가능한 한 많은 사진을 확보해 계속 유사성을 찾아낸 다음, 새로운 사진이 제시됐을 때 유사성 확률로 어떤 인물의 사진인지 판단하는 것이다. 또 EBGM Elastic Bunch Graph Matching이란 알고리즘은 얼굴의 주요 지점들을 선으로 연결해 격자 무늬를 만든 다음, 그 형태를 비교하는 방식이다.

페이스북도 얼굴 인식 기술에 깊은 관심을 보이고 있다. 페이스북은 이스라엘 스타트업인 페이스닷컴Face.com을 인수하면서 인공지능과 빅데이터가 결합된 딥페이스DeepFace라는 기술을 손에 넣었다. 페이스북은 얼굴 인식을 위해 인간의 두뇌를 모방하는 딥러닝DeepLearning을 활용하고 있다. 인간은 유아 때부터 학습을 통해 개념을 형성하게 되는데, 시각과 청각 등으로 들어온 정보가 누적되면서 눈앞의 현실과 머릿속 개념을 매칭시켜 나가는 것이다. 학습 과정 중 뇌에서는 뉴런과 시냅스가 전기적 신호를 주고받는데, 눈앞에 바나나가 보이면 머릿속에서 바나나라는 개념을 생각하게끔 전기 자극이 가해지고, 파인애플이 보이면 파인애플이란 개념을 생각하게끔 전기 자극이 발생한다. 이는 학습을 통해 쌓인 것이다.

딥페이스의 얼굴 인식 과정은 크게 두 가지로 나뉘는데, 첫째는 사진 속 얼굴을 3D 모델링 기법으로 재구성해 정면을 바라보는 각도로 사진을 재창조하는 것이다. 프로세스를 정리하면 다음과 같다.

- 사진에서 얼굴만 인식해 추출
- 얼굴의 주요 부분을 분할해, 3차원으로 변환
- 얼굴 밝기 조절
- 3차원의 얼굴을 2차원으로 변환한 후, 정면 사진으로 조정

위에서 얼굴의 밝기를 조절한다고 했는데 이 부분도 중요하다. 흔히 부끄러우면 홍조를 띤다고 하고 힘든 일이

있으면 낮빛이 창백해졌다고 한다. 이는 얼굴의 색상도 중요한 인식 요소가 된다는 것이다. 구획된 얼굴에서 각 부분의 평균 명도값AGL: Average Gray Level을 구해 비교한다.

다른 기업들도 속속 얼굴 인식 기술을 개발하고 있다. 영국의 벤처 회사인 리얼라이즈Realeyes는 웹캠, 스마트폰 등에 탑재된 카메라를 통해 사람들의 얼굴 변화를 파악하는 기술을 갖추었다. 얼굴의 변화 요소를 구조화해 행복, 놀람, 슬픔, 혐오, 공포, 혼란스러움 등의 감정 상태로 매칭했다. 단순한 얼굴 인식을 통한 개인 식별뿐만 아니라, 표정을 통해 감정 상태까지 알고리즘화하는 것은 타깃 광고 분야에서 큰 의미가 있다. 그것은 콘텐츠에 대한 반응과 광고에 대한 효과까지 분석할 수 있기 때문이다.

MIT 미디어랩에서 만든 어펙티바Affectiva도 얼굴 표정을 인식해 감정 상태를 파악할 수 있는 어프덱스Affdex란 서비스를 출시했다. 얼굴 사진을 캡쳐해 얼굴의 움직임, 모양, 질감 등을 픽셀 단위로 평가한 후 10억 개에 이르는 얼굴 표정 데이터베이스에 근거해 분석하는 것이다. 어펙티바는 자신들의 표정 분석 데이터와 상품의 매출 데이터를 결합하면, 해당 상품의 향후 매출 전망의 정확도를 75%까지 예측할 수 있다고 밝혔다.

앨범 자동 정리 기능을 제공하는 구글의 온라인 사진

앨범 서비스인 피카사Picasa도 얼굴 인식 기술을 활용한 것이다. 미국의 페이셜네트워크Facial Network가 만든, 구글 글래스에서 사용 가능한 앱인 네임태그NameTag에도 얼굴 인식 기술이 들어가 있다. 이 앱은 구글 글래스에서 얼굴 사진을 찍으면 페이스북, 트위터, 인스타그램 등의 SNS에서 해당 인물의 다른 사진을 찾아 주는 서비스를 제공한다.

페이스북의 CEO 마크 주커버그는 앞으로 딥페이스의 수준이 더 높아지길 기대하는 한편, 단순히 얼굴을 알아보는 것을 넘어, 사진을 통한 분위기나 맥락까지 파악하고 더 나아가 상태 업데이트와 댓글까지 함께 분석하는 것을 바라보고 있다. 페이스북 입장에서는 이렇게 이용자의 마음속 깊은 곳까지 파고들고 싶은 것이 당연한 일이다.

하지만 사람마다 성격과 표정의 정도가 달라, 감정 분류가 쉽지 않다는 말도 어느 정도 타당하게 들린다. 한 연구•에 따르면, 내향적인 사람과 외향적인 사람 사이에는 사진을 통한 감정인식 성공률이 다르다. 이른바, 얼굴 표정의 감정인식 오류에 대한 연구인데 외향적인 사람은 기쁨과 놀람에서의 성공률이 각각 87%, 83%였고, 내향적인

• 이종식, 신동희, 「사용자의 성향 기반의 얼굴 표정을 통한 감정 인식률 향상을 위한 연구」, 『감성과학』, 17권, 2014년 3월

사람은 우울과 화남에서의 성공률이 각각 88%, 90%였다. 나머지 표정에서의 성공률은 50% 이하였다. 하지만 페이스북은 세상에서 가장 큰 앨범이고, 대개의 경우 한 명을 기준으로 하더라도 충분히 분석이 가능할 만큼의 사진을 보유하고 있다. 즉, 개별 분석이 가능한 것이다.

IT기업에게 얼굴을 제대로 인식하는 것이 중요한 이유는, 더 나은 서비스를 제공할 수 있고 광고 등을 통해 분명한 수익 창출이 되기 때문이다. 그렇다면 한 사람의 얼굴을 온전히 인식한다는 것은 우리에게 어떤 의미가 있을까? 대중적인 정신병리학 책인 올리버 색스의 『아내를 모자로 착각한 남자』(이마고, 2008년)에는 아내를 정말 모자로 착각한 남자 이야기가 나온다. P선생은 한때 성악가로 이름을 날렸고, 지금은 음악학교에서 학생들을 가르치고 있다. 그는 건강에 별 이상이 없다. 치매 증상도 없고 다른 정신적 이상이 있거나 판단력이 흐려진 것도 아니다. 그는 또 보통 사람들처럼 모든 사물과 자연을 제대로 구분하고, 외연과 질감과 색깔을 정확하게 볼 줄 안다. 다만, 그는 사람의 얼굴을 인지하지도, 구분하지도 못한다. 심지어 그는 저자와의 상담을 끝내고 돌아가는 길에 아내의 머리를 모자로 착각해 쓰려고도 했다.

2011년에 개봉한 소지섭과 한효주가 주연한 영화 「오직 그대만」의 간단한 줄거리는 다음과 같다.

한때 잘나가는 복싱 선수였던 철민은 과거의 상처 때문에 어둡게 살아간다. 그러다가 시력을 잃어 가고 있지만 밝게 살아가는 정화를 만나게 된다. 둘은 사랑에 빠지게 되고, 철민은 정화의 시력을 회복시켜 주기 위해, 돈을 받고 목숨을 건 내기 결투를 벌인다. 정화는 시력을 회복하는 데 성공하지만 철민은 범죄 조직의 복수로 장애인이 된다. 이후 철민은 정화 앞에 나타나지 않고 방랑자로 살아간다. 이후 둘은 우연히 조우하게 되고, 눈을 뜬 정화는 시각이 아닌 다른 감각으로 철민의 존재를 알아채고, 현재 모습 그대로의 철민을 받아 준다.

이처럼 낭만적인 영화에서는 상대의 비참함을 목격하더라도 그를 따듯하게 맞아 주지만, 보다 현실적이고 풍자적인 영화에서는 그 결과를 보여 주지 않는다. 「오직 그대만」은 찰리 채플린의 영화 「시티 라이트」와 줄거리가 유사하다. 거리의 방랑자는 길에서 꽃을 파는 맹인 소녀를 위해 돈을 모아 수술을 시켜 주지만, 본인은 절도죄로 감옥에 간다. 시력이 회복된 소녀는 꽃집에서 장사를 하며 은인을 기다린다. 부유하고 젊은 사람들이 올 때마다 은인이 아닐까 하는 기대감에 차지만, 소녀는 매번 실망한다. 어느 날, 창문 밖으로 거지 행색의 방랑자가 지나가자 소녀는 연민이 일어 그의 손에 동전을 쥐어 준다. 그때, 소녀는 손의 감촉으로 그가 은인임을 알아차린다.

영화는 소녀의 반응을 보여 주지 않고 끝을 낸다. 방랑자의 참모습을 본 소녀의 반응을 열린 결말로 둔 채 영화는 끝이 난다. 이에 대해 철학자 슬라보예 지젝은 『당신의 징후를 즐겨라』(한나래, 2006년)에서 "아마도 이 영화는 영화사를 통틀어 마지막 장면에 모든 것을 거는 영화의 가장 순수한 사례일 것이다"라고 말했다.

우리도 두 눈이 뜨여 타인의 얼굴을 볼 수 있을까? 박인환과 함석헌 모두 「얼굴」이란 제목의 시를 남겼다. 함석헌의 시 「얼굴」 중 일부를 보자.

> 이 세상에 뭘 하러 왔던고?
> 얼굴 하나 보러 왔지.
> ……

인간에게 얼굴이란 마음을 표현할 수 있는 창이며, 타인과의 거리를 조정하는 신호등이기도 하다. 그래서 얼굴은 위의 시에서처럼 인간 존재를 뜻하기도 하고 인간의 사랑과 외로움을 가리키기도 한다. 그저 나와 상대를 구별하기 위해서만 얼굴이 필요한 게 아니다.

하지만 우리는 대체로 눈을 뜨고 있지만 잘 보고 있지는 않다. 우리는 어쩌면 눈을 감고 있는 장님이나 마찬가지다. 그저 기계 같은 눈을 갖고서, 보이는 것만 보고, 봐야 할 것은 못 보는 경우가 태반이다. 길거리에서 타인과 어깨를 부딪히지 않기 위해 기계적으로 눈을 뜨고 있을 뿐이다.

7

트위터에는 대통령이 필요 없다

트위터의 가장 중요한 특징을 두 가지로 말한다면 140자로 제한된 텍스트 입력과 팔로워Follower의 존재다. 우리는 어떤 영역을 대표하거나 상징할 수 있는 인물이 있으면, 앞에 수식어로 '국민'이라는 글자를 붙여 준다. 그런데 트위터의 세계에는 국민을 넘어 '대통령'까지 존재하고 있다.

현재 파워 트위터리안 중에는 팔로워가 수십만 명인 사람들도 허다하고, 심지어는 백만 명이 넘는 이들도 있다. 정치권에서 항상 트위터를 의식하는 것은 기본적으로 파워 트위터리안을 따르는 '팔로워들'의 존재 때문이다. 존 스튜어트 밀은 약 3백 년 전에 쓴 『자유론』(서광사, 2002년)에서 이렇게 말했다.

권력을 행사하는 대중이 권력의 지배를 받는 대중과 항상 동일한 것은 아니다. 대중의 의사는 실제적으로 대중 가운데에서 최다수 혹은 가장 활동적인 부류의 의사, 즉 다수자 혹은 다수자로 인정받는 데에 성공한 집단의 의사를 의미한다. 결과적으로 대중은 그들 구성원의 일부분을 억압할 욕망을 가질 수도 있다.

이 말은 민주주의 체계라 해도 '대중의 의견'을 지배하는 소수 그룹이 있다는 것이고, 형식적으로는 대중이 권력을 갖고 있다고 해도, 실질적으로 대중들은 의견을 권위자들에게 의존하고 의탁한다는 말이다. 파워 트위터리안을 따르는 팔로워들 모두가 물론 맹목적으로 권위자의 의견을 추종하는 것은 아니다. 팔로워마다 의견을 위탁하는 정도는 천차만별일 것이다. 그럼에도 확실한 것은 파워 트위터리안과 팔로워가 의견의 대척점에 서 있다고 해도, 팔로워는 자신의 의견 정립을 위해 대척점에 선 파워 트위터리안의 의견을 참조하기 때문에 여전히 '권위자의 우산(영향력)' 아래에 있다고 볼 수 있다.

여기에도 당연히 긍정적인 부분이 있다. 그럼에도 불구하고, 주로 부정적인 영향을 말하는 이유는 트위터상의 권위자란 한 분야의 전문가도 아니고 그들이 모두 균형감 있는 의견을 표시하지는 못하기 때문이다. 한마디로, 그것은 팩트가 아니라 한 개인의 의견이다.

물론 우리에게도 저마다의 입장이 있다. 구체적인 사안들에 대한 모든 입장을 분명히 하지는 않더라도, 넓은 지평에서 보면 우리는 대체로 어느 한쪽에 서 있다. 이것이 우리가 반대쪽 사람들의 말에 쉽게 동의하거나 흔들리지 않는 기본적인 이유다. 또한 '권위자의 의견'에 대해 그 사람의 말이 전적으로 옳다거나 틀렸다고 말하기가 쉽지 않다. 왜냐하면, 우리는 전문적으로 정연한 논리를 펼칠 수 있거나 그를 위해 자료를 수집하는 사람이 아니기 때문이다.

법보다 무서운 것이 언론이란 말이 있다. 법은 대체로 명백한 위반 행위가 있고 명명백백한 처벌이 있다. 하지만 우리의 미시적 일상은 '이것이다, 저것이다' 또는 '맞다, 틀리다'로 딱 잘라 말하기 힘든 애매한 것들투성이다. 그러므로 미시적 일상에서 사람들은 주류 언론을 비롯한 '권위자의 의견'을 대체로 수용하는 편이다.

밀은 또 이렇게 말한다.

> 이미 대의민주주의 자체가 우리의 권력을 '권위자의 의견'에 넘긴 형태다. 그러므로 권위자의 의견에 대해 우리가 취해야 하는 비판적 포즈의 경계를 늦춰서는 안 된다. 우리 대중이 권력 또는 권위를 부여한 개인 또는 조직은 그만큼의 제한을 가져야 마땅

하다. 한 의견이 논쟁의 기회를 가졌지만 논박되지 않았다는 이유로 인해 진리로 추정되는 것과, 그것이 논박되는 것을 허용하지 않기 위해서 진리를 가정하는 것 사이에는 건너뛸 수 없는 차이가 존재한다.

극단적으로 보면, 권위자의 의견은 우리의 일상을 미시적으로 지배하고 있다고 할 수도 있다. 미셸 푸코의 『감시와 처벌』을 보면, 글 쓸 때의 자세에 대해 A부터 Z까지 규정하고 있는 인상적인 그림이 나온다. 민주주의 사회에서 법과 제도가 민주적이 되었다고 해도, 더 중요한 것은 언론의 자유이고, 그보다 더 중요한 것은 개인의 비판적 수용이다. 사람들은 보통 애매한 상황에 처하면 기존에 가던 방향으로 가기 마련이고, 그래서 파워 트위터리안들은 우리의 미시적 일상을 교묘히 지배할 수도 있다.

이런 점은 정치적인 부분에서 명시적으로 드러난다. 정치는 도덕적 우월주의와 연관된 부분이 많기 때문에 더 우려가 크다. 하지만 정말 우려가 되는 부분은 우리가 암묵적으로 동의하고 의탁하는, 우리 삶에 대한 권위자들의 지배이다.

『사회계약론』을 쓴 루소는 그의 책에서 대의민주주의를 비판했다. 그에 따르면, 대의민주주의는 인간의 대신할 수 없는 주권을 대리케 함으로써 선거할 때 단 한 번만 자유로울 뿐, 일상적 삶에서는 여전히 종속적 존재로 머물게 하는 존재다. 영어에서 권위를 의미하는 'Authority'의 어원은 '제작 또는 생산'을 의미하는 라틴어 'auctoritas'와 주인 또는 리더를 뜻하는 'auctor'이다. 직접 작품이나 조직을 꾸린 자나 리더에게 권위가 붙는 것은 당연하겠지만, 트위터는 맨 처음 맨션을 기재한 자라 해도 의견 운반자일 뿐이다. 그는 무엇을 만든 자가 아니라, 무엇에 대한 개인적인 의견을 냈을 뿐이다. 하지만 여기에 대한 비판 자체가 어려운 것은 파워 트위터리안들이 권력자가 아니라 권위자이기 때문이다. 그들은 대체로 권력자를 비판하는 권위자이고, 권력과 권위의 의미는 하늘과 땅의 거리만큼 떨어져 있다. 권력은 두려움으로 인한 복종과 연관이 깊다면, 권위는 존경에서 우러나오는 복종이다.

권력은 기본적으로 일인칭 시점이 곧 전지적 시점인 사회로, 최고 권력자 한 명을 제외하고는 결과적으로는 모두 평등하다. 그런 평등의 구조가 폭력적인 것이다. 단 하나의 의견이 진리가 되어 사회를 지배하기 때문이다. 이에 비해, 제대로 된 권위주의 사회는 피라미드 형태의 구조로 되어 있다. 독일의 나치즘을 직접 목격한 한나 아렌트는 이 피라미드 구조에 관해 언급했다. 그녀는 피라미드의 연속적인 층위들은 각기 어느 정도의 권위를 보유하고, 더 높은 수준의 권위는 위에서부터 아래로 흘러내린다고 했다. 자유롭게 의견을 피력할 수 없는 '중간 권위자'들이 없어, 이런 피라미드 구조 자체가 성립할 수 없는 사회가 독재사회인 것이다. 권력과 폭력의 필연성은 역사에서 증명된 것이고, 그것에 힘을 집결시켜 대항할 수 있는 것이 권력에 대항하는 권위이다.

존 스튜어트 밀은 지금 우리가 논의하는 바와 연관해서 이런 글을 남겼다.

> 모든 가능한 의견들이 무제한적으로 자유롭게 발표되게 함으로써, 어떤 해악에 종지부를 찍을 수 있다는 것은 아니다. 오히려 자유로운 토론에 의해 상황이 종종 더욱 악화되고, 상대방의 말이 더 격렬하게 거부된다는 것을 알고 있다. 다만, 다른 반쪽 진리가 나머지를 은밀하게 탄압하는 경우는 적어도 없어져야 하는 것이다.

트위터처럼 의견이 너무 쉽게 유통되는 곳일수록, 우리는 더 겸손해져야 한다. 의견 교환과 토론의 모든 문제점을 해결할 수는 없겠지만, 적어도 그것이 진리에 가깝다고 여겨진다면, 우리는 그 느낌을 믿고 행동해야 할 것이다.

CHAPTER 2

인간에게 '달'은 무엇일까?

지식은 많아지는데,
우리는 눈먼 개인이 되고 있는 것은 아닐까?
구글 등의 IT 사업자들은 인간을 추상화해서 버릴 것은 버리고
자기들이 원하는 방식으로만 선택되게끔 자기들의 세계를 만들었다.
우리는 그렇게 설계된 알고리즘 안에 들어가
규격화돼 가고 있는 것은 아닐까?

1

구글이 달로 가는 이유

인간에게 '달'은 무엇일까? 닿을 수 없는 '거리'이다. 그리고 그 거리는 '상상'이 된다. 하지만 결국 그렇게 할 수 없음도 알고 있다. 그래서 달은 늘 이야기의 근원이었다. 단순히 소재가 아닌, 이야기가 발원하고 계속 뒤져도 나올 것 같은, 지구에서 가장 가깝고 가장 깊은 우물이다.

거리를 좁히고자 하는 것을 욕망이라 한다. 간극을 제거하고 괄호를 벗길 수 있다는 믿음에서 비롯되는 욕망. 하지만 욕망이 이루어졌다고 믿는 순간, 그렇게 벗긴 괄호는 사실 다른 쪽에 입혀졌음을 알게 되고, 거리는 다시 벌어진다. 사라진 것은 상상에서 비롯된 이야기일 뿐이다. 그리고 깨닫게 되는 것은, 이야기가 제거됨으로써 더 외로워졌다는 것뿐이다.

이에 대해, 한유주는 소설 『달로』(문학과지성사, 2006년)에서 이렇게 얘기하고 있다. 첫 단락에 나오는 이야기이다.

> 예전에도 달에 간 사람은 있었다. … 달에 도착했을 때 달은 삭아 버린 나무토막 한 조각이었을 뿐이다. 쓸쓸한 이야기였다. 음습한 이끼에 젖어 돌아왔을 때, 지구는 그저 깨진 화분에 지나지 않았다.
>
> 달은 아마도 차가울 것이다. 달의 뒷면에는 앞면보다 아름다울 무수한 바다가 있고, 많은 시인과 소년들이 그곳에 발을 담그고 싶어 했지만, 발아한 문장들은 너무 무거웠고, 소년들은 너무 어렸으며 나이를 먹은 후에는 어느 순간 노인이 되어 있었다. 그 다음부터는 모든 일들이 타박이기만 했다.

달의 뒷면에 처음 간 인간은, 아폴로 11호의 마이클 콜린스였다. 아폴로 11호에는 마이클 콜린스와 닐 암스트롱, 에드윈 올드린, 세 사람이 탑승해 있었다. 원래, 달에 첫 걸음을 디딜 사람은 마이클 콜린스였다. 하지만 11호의 출입문이 안쪽으로 열리기 때문에, 문 바로 뒤에 있던 올드린이 먼저 밖으로 나가기 곤란했다. 그래서 달로 가기 몇 달 전에 첫 걸음은 닐 암스트롱이 밟기로 결정됐다. 두 번째로 달에 발을 디딘 에드윈 올드린은 두 번째로 달을 밟았다는 사실 때문에 우울증에 시달렸다고 한다. 처음부터 운명이 아니었던 자가, 가장 운명에 실망하는 법이다.

마이클 콜린스는 달을 밟지 않았다. 대신, 마이클 콜린스는 최초로 달의 뒷면으로 간 인간이 되었다. 그는 두 명의 우주인이 달을 탐사하고 독수리호에서 여러 작업을 하는 동안, 지구와 교신하고 달을 서른한 바퀴 돌았다. 마지막 바퀴째 돌았을 때, 그는 달을 최초로 밟은 두 명의 우주인을 태운 독수리호와 도킹해 다시 지구로 되돌아왔다. 그는 달의 뒷면에서 아래와 같은 메모를 남겼다.

> 나는 지금 혼자다. 정말로 혼자다. 나는 지구의 모든 생명체들로부터 완전히 멀어져 있다. 이쪽에 무엇이 있는지는 신과 나만 안다.
>
> 달은 우리가 오는 것을 달가워하거나 반가워하지 않는 것 같다. 그래서 우리가 달의 영토를 침범하는 게 옳은 일인지 걱정스럽다.•

그가 달의 뒷면에 서른한 번이나 있었던 것은 맞지만,

• 베아 우스마 쉬페르트, 『달의 뒤편으로 간 사람 : 아폴로 11호 우주 비행사 마이클 콜린스 이야기』, 이원경 역, 비룡소, 2009년

그가 달의 뒷면을 본 것은 아니다.

> 달의 뒤편, 이곳에서는 달 표면이 보이지 않는다. 별빛을 가린 부분이 달이라는 것만 알 수 있을 뿐이다. 어떤 물체와도 부딪힐 염려는 없다. 하지만 왠지 무언가와 부딪힐 것만 같은 생각이 자꾸 든다.•

이처럼 마이클 콜린스도 달의 뒷면을 보지 못했다. 그것이 영원한 거리여서 차라리 다행이다. 파스칼은 『팡세』에서 "광활한 우주에 인간만 있다면 낭비"라고 했지만, 그렇게 낭비여야 이야기가 된다. 죽을 때까지 낭비되지 않는 것은 기계와 욕망뿐이다. 하지만 달과 인간의 좁힐 수 없는 영원한 거리마저, 기계를 이용해 거리감을 삭제하고 나아가 돈으로 아예 달을 소유하려는 욕망은 가끔 보인다. 아폴로 11호가 달에 가기 전에, SF소설가 로버트 하인라인은 『달을 판 사나이』(불새, 2013년)란 소설을 썼다. 소설에서는 달을 어떻게 사는지에 대한 이야기가 나온다.

달은 지구 북반구에서 위도 29도 아래로 움직이고, 남반구에서

• 『달의 뒤편으로 간 사람』, 비룡소, 2009년

도 똑같아. 저 범위의 땅을 사면 달도 소유하는 거야.

주인공들은 결국 달을 사는데, 그 이유는 달에 우라늄과 다이아몬드가 묻혀 있기 때문이다. 최근 미국, 중국, 일본, 인도는 핵융합 원료인 헬륨3를 비롯해 희귀 광물을 달에서 발굴해 차세대 에너지로 개발한다는 복안을 갖고 있다고 한다. 지구로 가져올지, 달에 기지를 건설하고 차후에 화성에 갈 채비를 하기 위한 에너지로 쓸지는 모르겠지만.

2000년대에 미국항공우주국 나사NASA는 아폴로 11호가 착륙한 고요의 바다를 비롯해 우주선 여섯 척이 착륙한 곳에는 다른 나라가 들어갈 수 없다는 지침을 마련했다. 하지만 이는 유엔 내 우주분과위원회가 1967년 1월에 시행한 우주조약Outer Space Treaty에 위배된다. 미국을 포함한 100개국이 가입한 우주조약의 제2조는 "달을 포함한 우주는 특정 국가의 주권에 귀속될 수 없다. 개발이나 지배, 기타 그 어떤 이유로도 특정 국가의 주권하에 둘 수 없다"고 규정하고 있기 때문이다.

이런 이유로 미국이 우주조약에서 탈퇴할 것이라는 전망이 나온다. 아니면 민간 기업으로 하여금 달로 진출하게 하는 방법도 있다. 중국, 일본, 인도가 달에 가기 위해 혈안이 되어 있는 지금 상황은 마치 예전 냉전시대의 우주 경쟁을 떠올리게도 한다.

미국의 비영리 재단 X프라이즈에서는 약 20년 전부터 인류 사회에 급격한 기술적 공헌을 하기 위한 여러 기획을 해왔다. 이번에 구글이 달 탐사에 참여하면서 구글 루나 X 프라이즈GLXP, Google Lunar XPRIZE가 되었다. 구글이 직접 참여하는 것은 아니고, 달에 카메라 로봇을 가장 먼저 보내는 팀에게 상금을 주기로 했다. 우승 상금은 최대 2,500만 달러이고 2015년 말까지 유효하다. 아직 많은 팀들이 합종연횡하며 경쟁 중이다.

달에 한때 꽂혔던 미국 국기는 출발 직전에 NASA 직원이 근처 가게에서 5.5달러를 주고 산 것이었다. 욕망의 발원은 그리 깊지가 않다. 깃대를 ㄱ 자로 만들고 물결치는 느낌이 들도록 일부러 바느질까지 했다. 하지만 독수리호가 이륙할 때 성조기는 뽑혔다. 사진만 남아 있는 셈이다.

달의 앞면이라는, 눈에 보이는 거리에 대한 강렬하고도 지루한 욕망은 비단 달을 향한 것만은 아니다. 정복이 성공은 아니다. 그렇다고 허무도 성공이 아니다. 다만, 달의 뒷면에 대해 가끔 떠올려 보자. 아래는 폴 오스터의 소설 『달의 궁전』(열린책들, 2006년)의 첫 문장과 끝 문장이다.

인간이 달 위를 처음 걸었던 것은 그해 여름이었다. 그때 나는 앞길이 구만 리 같은 젊은이였지만, 어쩐지 이제부터는 미래가 없을 거라는 생각이 들었다. …

나는 그 달이 어둠 속에서 자리를 잡을 때까지 눈 한 번 떼지 않고 밤하늘로 솟아오르는 모습을 지켜보았다.

소설 내내 지프차를 타고 떠돌아다니던 주인공은 달의 뒷면을 회복한 것이다. 물론, 언제나 의미와 무의미는 뒤섞여 있고, 의미만을 발라낼 수도 없다. 인간에게는, 마이클 콜린스가 달 뒤편에 갔을 때 무선통신이 끊겼던 그 '48분'의 시간이 필요하다. 시간의 길고 짧음을 떠나서 어쩌면, 매일 매일.

지구에서 달로 가는 동안, 인간은 변한다. 척추가 펴지기 때문에 키가 2~5cm 더 커지고, 창자가 위로 올라가 허리가 가늘어지고, 다리에 있어야 할 피가 머리에 몰려 얼굴이 부풀어 오른다. 하지만 인간은 달에 가서도 지구에서와 똑같은 욕망을 표출하고 싶어 할 것이다. 남에게 지기 싫은 열등감 때문이다. 사실, 구글이 달로 가는 길은, 토끼를 다시 한 번 죽이러 가는 길은 아닐까?

작가 김훈은 한 인터뷰에서 인문학은 인간에 대한 이

해와 사유라고 했다. 또한 동서양 고전을 읽는 행위가 '인문학을 하는 것'이며, 고전을 읽으면 마음을 똑바로 할 수 있다고 했다. 이는 남의 고통을 들여다보고 남의 아름다움을 온전히 이해할 수 있는 감수성을 유지하는 것이자 인간의 완성을 도모하는 것이라고 했다.

물론, 맞는 말이다. 한편 인문학은 인간 사이의 거리를 '인정'하는 것인지도 모른다. 거리를 인정해야, 잘 들리지 않는 말에 귀를 기울이고 상대에게 몸을 가까이 할 것이다. '왜 내 말을 이해 못 하지?'란 말은 잠시 주머니에 집어넣을 수 있다. 그것이 인문학의 본질적인 것이라면, 인문학의 소재는 언제나 현재적인 것이어야 한다. 왜냐하면 살아 있는 모든 인간은 현재의 인간이며, 현재의 조건에 처해 있기 때문이다.

지금은, 구글이 달로 가는 시대이다. 기계와 IT의 발전은 먼 땅에서부터 시작돼, 언젠가는 사람의 몸 구석구석에까지 들어올 것이다. 웨어러블 디바이스만 해도 이미 우리 살갗에 와 있다.

아폴로 11호는 지구에서 달까지 가는 시간(3일 4시간)이 달로부터 지구로 되돌아오는 시간(2일 12시간)보다 더 걸렸다. 지구의 중력이, 어쩌면 지구의 현실이 더 무겁게 그들을 끌어당겼으리라. 뭘 하든 어차피 현실에 끊임없이 시달릴 게 분명하다면, 하루에 '48분' 정도는 외로워지지 않기 위해 이야기를 생각해 보는 것도 좋지 않을까?

2

인간의 마음은 디지털화가 가능할까

니콜라스 카의 책 『생각하지 않는 사람들』(청림출판, 2011년)을 보면, 스페인 극작가 로페 데 베가가 1612년에 썼다는 희극 「펜테오베프나」에는 다음과 같은 구절이 나온다.

> 책이 너무 많아 엄청난 혼란 가운데 있다!
>
> 사방이 출판의 바다로 가득 차 있고
>
> 바다의 대부분은 거품으로 덮여 있다.

책의 홍수는 구텐베르크가 인쇄술을 발명하면서부터 시작됐다. 1448년, 구텐베르크가 인쇄소를 차린 후, 15세기 말이 되면서 유럽 내에서 인쇄소가 있는 마을이 250개가 되었고 출간된 책은 1,200만 권을 넘어서게 된다. 시계가 소형화되면서 사람들이 늘 시간을 확인할 수 있게 된 것처럼, 책이 소형화되면서 사람들은 책을 휴대하거나 집에 책장을 만드는 것도 가능해졌다.

2002년에는 도서관과 관련해서 두 가지 재미있는 일이 일어났다. 첫째는, 고대의 알렉산드리아 도서관이 새롭게 개관한 것이다. 재건 운동은 1974년에 알렉산드리아 대학에서 시작돼 이집트 무라바크 대통령과 유네스코의 전폭적인 지지를 받았고, 2002년 개관하기까지에 이른 것이다.

알렉산드리아 도서관의 시작은 그리스, 페르시아, 인도에 이르는 대제국을 건설한 알렉산더 대왕이었다. 그가 33세의 나이로 요절하자 대제국은 마케도니아(그리스), 셀뉴시드(시리아), 프톨레마이오스(이집트)로 갈라졌고 알렉산드리아 도서관은 이집트의 프톨레마이오스 1세가 기원전 300년에 건립한 것이다. 왕은 "세계에 있는 모든 민족의 책을 모으라"고 명했고, 항구에 정박한 배에서까지 책을 가져와 필사했다. 그리하여 알렉산드리아 도서관은 약 70만 부의 두루마리를 보유하게 됐다.

서기 642년에 칼리프 오마르의 무슬림 군대는 알렉산드리아를 점령했다. 그는 알라의 뜻에 어긋나는 이교도의 책들은 모두 불태우라고 했다. 알렉산드리아 도서관은 무세이온, 세라피스 신전 내에 위치해 있었다. 책들은 4천 개의 목욕탕에 불을 피울 연료로 보내졌고, 전소全燒하는 데 6개월이 걸렸다고 한다.

2002년에 있었던 두 번째 재미있는 일은, 구글의 '달 탐측선 발사'라는 비밀 프로젝트였다. 지금껏 출판된 모든 책을 디지털화하며 온라인에서 검색할 수 있게 하자는 프로젝트였고, 래리 페이지는 자신의 사무실에 디지털 스캐너를 설치하고 한 권을 스캔하는 데 시간이 얼마나 걸리는지 직접 측정해 보기도 했다.

그리고 구글은 2004년 프랑크푸르트 도서박람회에서 '구글 북스 도서관 프로젝트Google Books Library Project'를 발표했고 하버드, 스탠포드, 미시간, 옥스퍼드, 뉴욕공립도서관과 협력해 키워드를 검색하면 서지 정보와 본문의 일부를 보여 주는 서비스를 열었다. 한국에서도 교보문고와 창비가 제휴를 맺어 책의 정보를 제공하고 있다. 2011년에 추산된 바로는 현재까지 인류가 출간한 책의 종류는 약 1억 3천만 권인데, 이중에서 구글이 디지털화한 책은 3천만 권이나 된다. 이를 위해 구글은 광학문자판독OCR과 대용량 데이터 처리 기술을 활용했다. 이 DB를 바탕으로 2007년에, 하버드 대의 과학자인 에레즈 에이든과 장바티스트 미셸은 구글 N-그램 뷰어란 서비스를 만들었다. 키워드를 입력하면, 800만 권의 책을 바탕으로 지난 200년간 그 키워드가 책에 쓰인 횟수를 분석해 그래프로 보여 준다.

하지만 책에는 저작권 이슈가 있기 때문에 구글에게 아무 문제가 없었던 것은 아니다. 프로젝트를 공시적으로 선언한 이듬해인 2005년 9월에 구글은 미국의 작가협회 Authors Guild로부터 저작권 침해 소송을 당했다. 또 10월에는 5개의 출판사로부터 디지털 복제 행위 역시 복제에 해당하고, 검색 결과로 책 본문의 일부분을 제공하는 것은 무단복제 후 배포 및 전시에 해당한다는 논리로 소송을 당했다.

하지만 미국 법원은 2014년 6월 10일 디지털 도서관도 공정이용 fair use에 해당한다고 구글의 승소로 판결했다. 우리가 도서관에서 책을 보고 일부를 복사하는 것처럼 디지털 도서관의 이용도 공공을 위한 보편적인 서비스 행위란 것이다. 그리고 이미 그 전인 2008년 10월 28일, 구글은 미국작가협회 및 미국출판협회 AAP와 화해했다. 즉, 모든 도서와 삽입물을 디지털 복제할 수 있는 비배타적 권리를 가진다는 것에 합의한 것이다. 비배타적 권리라는 것은 다른 곳들도 협의를 한다면 구글처럼 도서를 디지털화할 수 있다는 뜻이다. 대신, 구글은 도서검색 서비스를 도서관 등에 제공하고, 서적을 판매하거나 서적을 통해 얻은 광고 수익의 63%를 도서권리등록소Book Rights Registry에 지급하기로 했다. 도서권리등록소에서 다시 저작권자들에게 수익을 재분배하는 형태다. 또한 구글은 도서권리등록소 설립과 운영을 위해 3,450만 달러를 지원하고, 이미 디지털화한 저작물에 대해서는 권리자들에게 최소 4,500만 달러를 지급하는 것이 골자다. 마지막으로, 구글은 도서 디지털화 작업을 계속하되 저작권자가 화해에 동의하지 않는다고 적극적으로 통지하면, 디지털화 작업을 중단해야 한다.

구글은 "도서관 프로젝트를 통해 사용자는 희귀본, 절판본 또는 일반적으로 도서관 시스템 외부에서는 찾을 수 없는 책을 비롯하여, 다양한 언어로 작성된 수백만 권의 책을 검색할 수 있다"라고 말한다(support.google.com/books 참조). 이런 측면에서는 라이브러리 프로젝트가 어느 정도 공정 이용에 합당한 것은 맞다. 아날로그 도서는 공정 이용에 해당되고 디지털은 안 된다는 것은 모순이기 때문이다.

오히려 이용자는 디지털을 더 편하게 이용할 수 있다. 디지털 자료에 대해서는 접근이 더 쉬워 저작권 이슈의 우려가 있다는 것도, 지식의 보편적 이용 측면에서 보면 이기적인 억지 논리이다. 또한 이른바 고아 저작물orphan works 문제도 있어 저작권이 현재 대체 누구에게 있는지 알기 어려운 경우가 많다. 구글 북스는 저작권자들과의 협의 결과에 따라, 서지 정보나 본문의 발췌 보기 등을 제공하고 있다. 또 그 책이 있는 가까운 도서관을 안내하기도 한다.

언어와 지역 또, 빈부와 상관없이 필요한 사람 모두에게 지식의 보고를 무료로 개방하겠다는 취지에는 당연히 공감하지만, 어떤 것을 마음으로 이해한다는 것은 검색 결과에 대한 훑어보기가 아닌 무엇인가를 찾는 과정에서부터 시작된다는 것을 알아야 한다. 붓다나 소크라테스는 검색 가능한 글을 남기지 않고, '이해'에 집중하며 문답법을 펼쳤다. 이해란 글 밖이나 글 사이에 숨어 있고, 글은 이해를 위한 계기나 단초에 지나지 않으며 때로는 오히려 혼란을 주기도 하기 때문이다.

또한, 누군가가 현재까지 이해한 부분에는 자신과 타인을 바라보는 시선과 심성이 담겨 있고, 그런 이해가 쌓여 세계를 바라보는 인식이 되며, 그 인식은 행동의 시작이 되고, 행동이 누적되면 인생의 방향이 된다. 지식에는 개인 안에 있는 개인이 소화해 이해한 지식이 있고, 검색은 되지만 소화는 하지 못한 개인 바깥에 있는 외부 지식이 있다. 이 외부 지식은 '이해하는 것'과 별 관련이 없고, 우리 인생의 큰 줄기와도 무관하다.

미디어 이론가인 노르베르트 볼츠는 『컨트롤된 카오

스』(문예출판사, 2000년)에서 "우리는 계산기 노예들과 일대 전쟁을 감행하든가, 아니면 우리가 그들의 노예가 되어 인간을 그냥 스쳐 지나가기만 하면 되는 바이패스로 규정해야 하는 양자택일적인 상황에 처해 있다"고 말했다. 또 그는 "과학은 우리의 무지를 감소시키지 않는다. 오히려 반대로, 무지를 확대시키고 있다", "더 많이 알면 알수록, 우리는 세계의 의미로부터 점점 소외된다"고 말했는데, 이는 정리하자면 외부 지식의 외연 확대가 정작 세계에 대한 개인의 몰이해를 낳고 있다는 말이다.

지식은 많아지는데, 우리는 눈먼 개인이 되고 있는 것은 아닐까? 구글 등의 IT 사업자들은 인간을 추상화해서 버릴 것은 버리고 자기들이 원하는 방식으로만 선택되게끔 자기들의 세계를 만들었다. 우리는 그렇게 설계된 알고리즘 안에 들어가 규격화돼 가고 있는 것은 아닐까? 철학에서 인식론은 매우 중요하다. 그것은 '내가 세상을 어떻게 이해하는가?'라는 문제이기 때문이다. 철학사에서 칸트가 유명한 까닭은 그의 인식론이 중세의 협곡을 지나 개인의 주관에 집중했기 때문이다.

구글 북스만의 문제는 아니지만, 인간의 마음과 개인성을 과연 알고리즘화할 수 있을까? 인간의 의식을 인공지능에 복사할 수 있다고 믿는 『특이점이 온다』(김영사,

2007년)의 저자이자 구글의 기술이사이기도 한 레이 커즈와일은 캘리포니아 대학의 존 설John Rogers Searle이 가상 실험한 '중국어 방 유추'의 결과에 대해 받아들이지 않았다.

중국어를 전혀 이해하지 못하는 사람이 방에 갇혀 있다. 방 안에는 중국어 문자들이 적힌 카드들과 중국어로 된 질문에 답하도록 구성된 컴퓨터 프로그램이 있다. 그 방이라는 시스템에 중국어 문자로 된 질문을 입력한다. 그러면 질문에 대한 대답이 중국어 문자로 적힌 출력으로 나온다. 프로그램이 매우 뛰어나서 질문에 대한 답만 봐서는 진짜 중국인이 대답하는 것으로 착각할 정도라고 하자. 그러나 방 안에 있는 사람이나 시스템을 구성하는 어떤 부품도 중국어를 이해하지 못하고 있다는 것은 분명하다. 프로그램은 순전히 형식론이나 구문론(혹은 통사론. 단어가 결합되어 형성되는 구나 절 등의 문장의 구조를 연구하는 문법)에 기초한 반면, 인간의 마음은 정신적이거나 의미론(기호와 의미 사이에 존재하는 언어의 뜻을 연구하는 것)에 기초한 내용을 담고 있다. 컴퓨터 프로그램으로만 마음을 모방하려는 시도는 마음의 본질적 특성을 놓치는 셈이다.

물론, 사람마다 관점은 다를 수 있다. 인간의 인식과 내면에 대한 알고리즘이 불가능하다는 입장의 전제에는, 인간은 결코 이해할 수 없는 존재라는 것이 베이스로 깔려 있기 때문이다. 아래는 일본에서 최초로 '개인의 마음'에 대해 소설로 표현한 나츠메 소세키의 소설 『마음. 그 후』(범우사, 2013년)의 일부이다.

> 결혼했을 때 따님이, 아니, 이제는 따님이 아니니까 아내라고 해야겠습니다, 아내가 무슨 생각에서였는지 K의 묘를 참배하러 가자고 했습니다. 나는 왠지 가슴이 뜨끔했습니다. 그래서 왜 갑자기 그런 생각을 했느냐고 물었습니다. 그러자 아내는 우리가 함께 찾아가면 K가 무척 기뻐할 것이라고 대답했습니다. 내가 아무것도 모르는 아내의 얼굴을 빤히 쳐다보자, 그녀가 왜 그런 얼굴을 하느냐고 묻는 바람에 나는 그만 정신이 번쩍 들었습니다.

이 소설은 친구의 여자를 빼앗아, 그 여자와 결혼해 한평생을 산 한 남자의 마음을 그린 내용이다. 그 친구 K는 자살했었다. 이런 마음을 알고리즘화할 수 있을까? 아니면, 헬름 모베리의 단편소설 「티볼리의 독심술사」에 나오는 독심술사가 평생 어떤 마음으로 살아왔는지 이해할 수 있을까?

> 나에 대한 아내의 사랑은 식어 갔는데 아내에 대한 내 감정은 전

이나 다름없이 열렬하고 강렬했다. 그녀는 다른 남자를 만나서 전에 내게 바쳤던 모든 것을 그에게 내주었다. … 고민을 달랠 길 없어 알코올에 안식을 구했다. 내가 대여섯 번 술에 취해서 돌아오자 아내는 내가 주정뱅이라는 이유로 이혼을 인정받을 수 있었다. 그녀는 다른 남자에게로 가고 나만 홀로 남았다. … 지위, 친구, 사회적 위신, 집을 잃었고 … 마침내 티볼리로 와서 독심술과 성격 해설로 30년을 살아온 것이다.

그렇다, 바로 그녀다. 그 음성은 비록 중년 부인의 목소리였으나 나는 그래도 그것을 알아들었다. 한 사나이가 일찍이 사랑하던 여자의 음성이란 잊으려야 잊히지 않는 법이다. 그녀가 나를 몰라보는 것은 알 수 있었다. 이 해설에서 나는 긴장할 필요가 없다. 이 사나이에 대해서는 모든 것을 알고 있다. 그의 사회적 지위, 생활양식, 취미까지도 알고 있다. 사실은 그를 30년 동안이나 못 만났고 그는 널리 외국을 여행하고 다녔지만 나는 그 뒤를 따랐고 한 번도 그를 놓쳐 본 일이 없는 것이다. 나는 여느 때와 다름없는 직업적인 태도로 말을 시작했다. 내가 말을 하는 동안, 남자의 눈빛은 비아냥에서 경이로 바뀌고 있었다.

당신은 사회의 신임을 크게 얻고 있습니다. 당신은 또한 친구가 많은데, 대부분이 당신의 신세를 지고 있으니까 친구라고 부를 수 있을지는 모르겠군요…. 당신은 30년 전에 결혼했고, 그때 당신 아내가 된 분은 그 전에 다른 남자와 결혼한 여자올시다. … 그 남자는 약했습니다. 자기

아내를 사랑하고 있었으니까요. 그 여자와 한패가 되어서 당신은 그의 약점을 이용했습니다. … 당신과 같은 성품은 현세에서는 성공하기 마련입니다. 냉정이란 많은 경우에서 성공의 전제조건입니다. 당신은 느끼지 못합니다. … 그러므로 당신은 부인을 사랑한 일이 없습니다. 당신의 결혼은 이렇게 오랫동안 불행했습니다. 당신 부인은 진정으로 자기를 사랑하는 남자를 등지고 당신 품으로 달아난 것을 뼈저리게 후회했습니다.

조그만 비명이 여자 입에서 터져 나왔다. 그 비명은 내가 마지막에 한 말이 참말이었음을 말해 주는 것이었다.•

인간이 얼마나 복잡한 존재인지는 찰스 다윈이 1877년에 발표한 「유아에 관한 생물학적 단상」을 봐도 알 수 있다. 이것은 다윈의 첫 아이인 윌리엄 에라스무스에 대한 것이다.

잠시 후 나는 식료품 저장실에서 나오는 아이(2년 7.5개월)와 마주쳤는데, 그의 눈은 부자연스러울 정도로 반짝였고 이상하고 부자연스러운, 혹은 뭔가 꾸미는 듯한 태도를 보여서 거기에 누가 있는지 들어가 보았다. 나는 아이가 설탕가루를 먹으면 안 된다는 소리를 들었는데도 먹었다는 사실을 알게 됐다. 어떤 식으로든 벌을 받아 본 적이 없기 때문에 아이의 이상한 태도는 분명

두려움 때문은 아니었다.

나는 그것이 의식과 싸우고 있는 유쾌한 흥분 때문이라고 생각한다. 2주 후, 나는 식료품 저장실에서 나오는 아이와 다시 마주쳤다. 아이는 자신이 조심스럽게 말아 감싼 앞치마를 보고 있었다. 이번에도 아이의 태도가 너무 이상해서 나는 앞치마에 무엇이 들어 있는지 보기로 했다.

아이는 아무것도 없다면서 반복해서 내게 '저리 가라'고 말했음에도 불구하고 그것을 열어 본 나는 앞치마에 묻은 피클즙을 발견했다. 이번에는 세심하게 꾸민 속임수였다. 이 아이는 오직 그의 좋은 감정에 영향을 주는 교육을 받았기 때문에 곧 누구라도 원할 만한 진실하고 개방적이며 다정한 아이가 됐다.••

인간의 속성 중 하나는 '위배되는 행동'을 한다는 것이다. 대부분의 거짓말은 어떤 필요에 의해 행해지기 때문에 차라리 이해하기 쉽다. 프로이트 같은 사람은 인간의 그전까지의 행동 이력과 전혀 다른 돌발적인 행위, 상황에 맞지 않는 위배적인 행동, 통념으로 이해 불가한 사건사고들을 이해하고 싶어 평생을 몰두했다. 가령 우리는 시체 성

• 이문열 편, 『이문열의 세계명작산책』, 살림출판사, 1996년, 재인용

•• 이언 레슬리, 『타고난 거짓말쟁이들』, 김옥진 역, 북로드, 2012년, 재인용

애자를 이해할 수 있을까? 그전에 "이해하고 싶어 할까"란 질문부터 던져야 할지 모른다. "가족 또는 이성으로부터 사랑받지 못한 사람이, 자신이 통제할 수 있는 관계 설정을 위해 살아 있는 사람이 아닌 시체를 택했다" 정도로 설명이 가능할까? 인간의 마음보다는 지능을 인공화하는 것이 더 쉬울 것이다. 표준화되고 일반화된 인간 감정과 반응이라는 것은 애초에 없을뿐더러 동시에 불필요한 것이기 때문이다.

3

거짓말은 반反데이터이다

세계 정복과 통일, 그리고 수성을 위해서는 영토의 확장만으로는 가능하지 않다. 화폐 및 측량의 표준화 같은 경제적 통일도 중요하지만 언어와 풍습 등의 문화적 통일이 더욱 중요하기 때문이다. 애매하고 어렴풋하고 때로는 존재를 인식할 수 없지만 없으면 살 수 없는 공기처럼, 문화는 우리 삶을 둘러싸고 있다. 문화의 근간은 언어다. 에릭 슈미트는 2013년에 출간한 『새로운 디지털 시대』(이진원 역, 시공사)란 책 속에서, 미래의 주역은 국가가 아니라 구글 같은 IT기업임을 분명히 밝혔다. 세계단일국가에 대한 논의는 이전부터 계속 있어 왔지만, 우리는 흔히 초국가의 실체를 그저 막연히 강력한 국가로만 생각해 왔는데 이런 생각은 근본 입장부터 다른 것이다.

구글이 '세계 언어 통일을 꿈꾼다'는 것은 무리한 가정일 수도 있다. 하지만 상황이 상황을 만드는 법이며, '자연스럽다'란 말에는 '이제는 어쩔 수 없이 그렇게 할 수밖에 없게 되었다'란 의미도 있다. 구글은 구글 번역기로 언어의 통일을 추진하고, 구글 북스로 기록으로만 존재할 수밖에 없는 과거의 소통 내역을 현재와 연결하려는 작업을 추진하고 있다.

구글 번역기는 현재 90개의 언어를 번역하고 있다. 문자 번역뿐 아니라, 실제 음성 대화도 번역한다. 뿐만 아니다. 스마트폰 카메라를 외국 길거리의 관광명소 설명문이나 가게 간판에 대면 번역되어 출력된다. 구글 번역기의 작동 로직은 누적된 빅데이터를 활용하는 것이다. IBM 같은 경우는 텍스트 마이닝이라고 해서 컴퓨터가 각 언어의 규칙을 이해한 다음, 컴퓨터가 직접 번역하는 방식을 택했다. 하지만 각 언어마다 어순, 표현 방법 등의 규칙이 다 달라서 현재까지는 컴퓨터가 자연어를 완전히 습득하기는 어려워 보인다.

구글은 실제 사람이 구글 번역기를 통해 번역한 문장들을 평가하면서 구글 번역기의 기능을 점점 정교화하고 있다. 컴퓨터가 자연어를 완전히 습득하기 어려우면, 처음부터 자연어를 쓰는 사람을 활용하자는 것이다. 한국어에서 영어로 곧바로 번역하는 것보다, 한국어를 먼저 일본어로 번역한 다음에 그 일본어를 영어로 번역하면 번역이 더욱 매끄러워진다는 것은 주지의 사실이다. 이유는, 일본어와 영어 번역 간에 쌓인 데이터가 훨씬 많기 때문이다.

구글은 '데이터'를 이용해 세계 언어의 통일을 추구하고 있으며, 통일할 언어의 이름은 아마 '데이터'에 다름 아닐 것이다.

언어의 통일이라고 했을 때, 누구나 바벨탑이 떠오를 것이다. 성경의 창세기 11장에는 바빌로니아 사람들의 욕심과 그에 대한 신의 징벌이 나온다.

> 온 세상은 한 가지 말을 쓰고 있었다. 동쪽으로부터 온 사람들은 한 들판에 이르러 자리를 잡았다. 사람들은 의논하여 '도시를 세우고 탑을 쌓아 꼭대기까지 닿게 하자'고 정했다. 신은 생각했다. 사람들의 말이 같으면, 이것은 시작일 뿐 앞으로 어떤 일이 벌어질지 모르겠구나. 그리하여 신은 땅으로 가서 사람들이 쓰는 말을 흩어 놓았고, 그에 따라 사람들도 흩어져 도시를 세우는 일은 멈추어졌다.

바벨탑 이야기는 흔히 인간의 터무니없는 욕심을 경계

하자는 사례로 자주 쓰인다. 하지만 바벨탑 이야기는 욕심을 경계하는 것이라기보다는, 그 욕심이 실현됐을 때의 위험성을 경고하는 것으로 봐야 한다. 원래 '바벨Babel'에서 'ba'는 아버지라는 뜻이고, 'bel'은 신이라는 뜻이다. 즉, 바벨은 신의 도시를 뜻하며 예전 사람들은 자신이 살던 땅을 세계의 중심이라는 뜻에서 바벨이라고 부르곤 했다. 구글은 언어의 보편성과 소통의 대중화를 위해 구글 번역기를 만들었지만 그런 선의가 상황에 따라서는 '새로운 바벨'을 꿈꾸는 악의로 변할 수도 있다. 더구나, 언어를 지배하는 것만큼 강력한 것은 어디에도 없다.

에릭 슈미트는 구글이 측정의 과학으로 세워졌다고 말한 적 있으며, 구글 출신의 야후 CEO인 마리사 메이어도 현대인의 존재 기반이 숫자와 데이터, 정량화임을 말한 바 있다. 그런데 데이터화된 언어가 우리의 말을 정말로 정확하게 표현할 수 있을까? 플라톤은 언어가 사회를 만드는 데 별로 도움이 되지 못한다고 생각해, 하이데거나 헤겔이 최고의 예술가로 꼽은 시인을 사회에서 추방하고자 했다. 왜냐하면 언어는 실체의 '재현'일 뿐으로 진리의 산출에 참여하는 것은 아니기 때문이다. 더구나 번역된 언어라면 그것은 이중 가공된 재현이기에 플라톤은 한숨을 푹 쉬었을 것이다. 하이데거는 "이해는 언제나 기분에 의해 규정된 이해"라고 했는데, 우리의 소통에 있어서 언어의 뜻 그 자체보다는 맥락과 분위기가 전달을 위해 더 중요한 매체임을 말한 것이다.

철학자 미셸 푸코가 『말과 사물』(민음사, 2013년)의 서문에서 인용한 보르헤스의 글을 보면 언어에서 맥락이 얼마나 중요한지를 알 수 있고, 어쩌면 언어에는 맥락밖에는 없으며, 맥락의 기반 위에서만 존재할 수 있음을 깨닫게 한다. 보르헤스의 「어떤 중국 백과사전」에서는 동물을 다음과 같이 정의했다.

황제에게 속하는 것

향기로운 것

길들여진 것

식용 젖먹이 돼지

인어

신화에 나오는 것

풀려나 싸대는 것

지금의 분류에 포함된 것

미친 듯이 나부대는 것

수없이 많은 것

아주 가느다란 낙타털 붓으로 그린 것

기타

방금 항아리를 깨트린 것

구글 번역기를 통해 자신의 기분과 맥락이 완전히 전달될 것이라 믿는 사람은 없다. 지금은 그저 최소한의 소통을 위한 기능 정도로만 사용할 것이다. 하지만 이런 것을 한번 상상해 보자. 언젠가 글로벌 모바일 메신저와 SNS, 그리고 구글 번역기가 결합된 서비스가 제공되어 한국어로 글을 써도 자동으로 인도어로 번역돼 수신된다면, 우리는 그 시스템을 쉽사리 벗어날 수 있을까? 어쩌면 우리의 기분과 맥락들은 점점 더 '표준화'되지 않을까? 맥락은 명시적으로 표현된 언어와는 달리 애매함 자체이다. 언어는 통상 하나의 기분과 하나의 애매함을 표시하지만 사람의 일상적인 언어와 행동에는 여러 개의 기분과 맥락과 판단이 마구 뒤섞여 있어, 우리는 사실 항상 적절하게 표현하지 못했다고 느낀다. 그래서 말에는 근본적으로 어느 정도의 거짓말이 섞여 있다.

구글 번역기는 소통의 오류를 최대한 제거하기 위해 나왔지만, 이런 기능은 동시에 인간적인 맥락과 언어의 애매함을 근본적으로 차단하면서 거짓말을 존재할 수 없게 한다. 언어가 표현하는 것들 중 최소한 절반 이상이 거짓인데, 그 거짓의 속성을 제대로 전달할 수 없다니. 헤로도토스의 『역사』(동서문화사, 2008년)를 보면 페르시아가 바빌로니아를 멸망시킨 이야기가 나온다. 바빌로니아의 철옹성을 뚫을 방법이 없자, 페르시아의 장군 조피로스는 왕 다레이오스를 찾아간다. 그는 먼저, 자기 몸을 다시 원상태로 복구시킬 수 없을 정도로 무참하게 상처를 입혔다. 자기 코와 귀를 잘라 내고 머리를 보기 흉하게 만든 뒤, 자신의 몸에 채찍질을 가했다. 그리고 이렇게 말했다.

> 우선 저는 이 모습으로 탈주자처럼 가장하여 적의 성 안으로 들어가 제가 전하로부터 이런 꼴을 당했다고 그들에게 말할 것입니다. 그들이 이것을 믿는다면, 그들은 저에게 지휘할 수 있는 군대를 맡길 것입니다.

바빌로니아 사람들은 페르시아에서도 이름이 알려진 고관이, 코도 귀도 잘리고 채찍 자국도 역력한 피투성이가 된 모습을 보고, 조피로스의 말이 진실이며 자기들을 돕기 위해 왔다고 믿었다. 그리고 그 거짓말로 인해 결국 멸망했다.

만약, 정말 나중에 데이터를 통해 언어가 통일되는 날이 온다면, 그리고 그것이 세계를 지배하는 도구 중 하나로 쓰인다면, 그것을 멸망시키는 방법은 '거짓말'밖에 없을 것이다. 가령, 거짓말을 무수히 쌓아 올려 빅데이터 자체를 거짓말 왕국으로 만드는 것이다. 이런 의미에서 거짓말은 반反데이터이다. 물질에 대한 반물질反物質(실재의 물질에 대하여, 그 반대 입자로 이루어진 물질)이 존재하듯이 말이다.

5

환상의 구글 아트 프로젝트에 빠진 것

부유한 개인들이 위대한 미술 작품을 개인적으로 소유한 경우도 많아, 일반 사람들은 평생 진본을 보기 힘들다. 이런 상황에서 미국 보스턴에 있는 이사벨라 미술관의 존재는 매우 뜻깊다. 이사벨라의 아버지와 남편은 모두 큰돈을 번 사업가로 그녀는 어릴 적부터 미술 애호가였다. 그러다 오랜 기다림 끝에 낳은 아들이 죽자 부부는 전 세계를 돌아다니며 미술품을 본격적으로 수집하기 시작했다. 그렇게 해서 1903년에 이사벨라 미술관은 문을 열었고 약 2,500점의 작품을 보관 · 전시 중이다. 하지만 이런 의인은 쉽게 출현하지 않는다. 대부분의 갑부들은 예술 작품을 개인이 소유하고 싶어 하기 때문이다.

구글은 그림을 디지털화해 온라인에서 보여 주는 아트 프로젝트Art Project를 2012년부터 진행하고 있다. 세계 곳곳의 미술관과 제휴해, 그림 이미지를 온라인에서 제공하고 또 스트리트 뷰 기술을 이용해 미술관 안을 360도 회전하며 볼 수도 있다. 각각의 그림은 1기가 픽셀 급으로 제공되며 2015년 4월 기준으로 179개의 미술관과 제휴 중이다. 제공하는 컬렉션은 179개가 아닌 537개인데, 비단 미술관뿐 아니라 땅 위의 유물이나 길거리 예술 작품도 제공하기 때문이다. 또 구글은 같은 사이트 안에서 별도로 세계의 불가사의 프로젝트도 시행하고 있다. 이는 세계의 현대 및 고대 문화유산을 역시 온라인상에서 사진 또는 스트리트 뷰로 제공하는 것이다.

그런데 구글의 아트 프로젝트가 제공하는 것은 회화나 조각 등의 예술 작품일까? 아니면 단순히 사진일까? 이 말은 명화를 미술관에서 직접 보는 것과 사진으로 찍은 그림을 보는 것에는 어떤 차이가 있는지를 묻는 것이다. 사람들은 온라인상의 그림이 실제 원본과 똑같다고 주장할 수도 있다. 그것은 사진이 원본과의 관계에 의해 쌍으로 식별되기 때문이다. 하지만 누군가 아무리 미묘한 찰나의 순간을 찍었다 해도, 그것은 존재하는 것에 대한 이미지일 뿐이다.

회화나 조각을 만드는 예술가들도 인물이나 풍광이란 모델을 갖고 있지만, 화가의 눈은 모델이란 깔때기를 지나 더 넓은 세계로 뻗어 나간다. 하지만 사진기의 플래시는 눈앞의 대상을 넘지 못한다. 그림을 그리는 화가의 손은 기분과 날씨에 따라 경쾌하게 움직이기도 하고 피곤하게 오가기도 하는 등 근원적으로 독자적인 터치일 수밖에 없다. 물론 사진가도 촬영 전에 조명, 카메라, 렌즈, 필름, 조리개, 셔터 속도, 프레임 조절 등을 통해 세계에 개입하기는 하지만 셔터를 누른 순간부터는 모든 것을 빛이란 자연에 맡길 수밖에 없다. 회화와 사진은 손과 빛만큼의 간극이 존재하며, 회화는 누적되는 반면 사진은 일회적이다. 사진 수백 장이 덧칠해진 것이 회화라고 할 수 있다.

예술의 복제 가능성에 대해서는 발터 벤야민이 처음으로 언급했다. 그는 전통적인 예술 작품이 원래는 제의祭儀에서 비롯된 것이라고 했고, 예술은 처음엔 마술적이었다가 다음엔 종교적이 되었다고 말한다. 예술 작품의 현존 방식이 제의적이라는 것은, 그것이 복제할 수 없는 유일무이한 '체험으로서의 가치'를 가진다는 뜻이다. 벤야민은 사진 기술의 등장과 대량 생산과 같은 산업화로 인해, 현대 예술은 탈의제화ent-ritualisiert되고, 그 나름의 고유성이나 일회성이 박탈되었다고 했다.

벤야민은 원본 예술을 마주했을 때의 체험을 '아우라'라는 개념으로 설명한다. 아우라는 '분위기'로 번역할 수 있는데, 희랍어로는 '숨결 Hauch-Kreis'이라는 뜻도 있다. 아우라는 어떤 멀리 있는 것이, 마치 가까이에 있는 듯 일회적으로 나타나는 것을 말한다. 그는 아우라 체험에 대해 이렇게 설명한다.

> 어느 여름날 오후 휴식의 상태에서 휴식자에게 그림자를 던지고 있는 먼 지평선의 산맥이나 나뭇가지를 보고 있노라면, 바로 이 순간 우리는 이 산과 나뭇가지가 숨을 쉬고 있다는 느낌을 받는다. 이러한 현상을 우리는 산이나 나뭇가지의 분위기가 숨을 쉬고 있다고 말할 수 있는 것이다.•

원래는 한 번의 제의처럼 복제될 수 없어야 하는데, 복제가 가능하다는 것 때문에 아우라가 붕괴되는 것이다. 마르틴 하이데거는 고흐의 「구두」라는 그림을 보고 노동의 고통과 그것을 이겨 내는 인간의 강인함, 그리고 곡식이란 수확물을 주는 대지의 위대함까지 해석해 낸다.

고흐의 「구두」는 하이데거를 충분히 사색에 잠기게 할

• 발터 벤야민, 『발터 벤야민의 문예이론』, 박성완 역, 민음사, 2005년

만큼의 아우라를 가졌고, 하이데거는 이 세계 전체를 그렸다고도 할 수 있는 그림 앞에서, 정신적 · 심적 체험을 한 것이다. 예술의 복제 가능성은 우리로 하여금 체험의 모방성을 낳고, 제의적 예술 작품의 현장을 직접 체험하지 않고도 즐기는 척하게 만든다. 구글의 아트 프로젝트가 만인에게 예술 작품의 향유 가능성을 열어 주려는 좋은 의도를 가진 것은 맞지만, 사실 거기엔 복제 작품과 모방 체험밖에는 없을 것이다.

하나의 예술 작품이 모두에게 동일한 체험, 환희, 격양된 감정을 불러올 수는 없다. 물론, 칸트는 자연과 예술에 대한 취미 판단에서도 보편성이 성립될 수 있다고 말했다(객관적 개념에서 오는 보편성과는 다르긴 하지만). 여기에서의 보편성이란, 내가 느낀 아름다움에 대해 "이것은 정말 아름답지 않은가?"라고 동의를 구하거나 주장할 수 있는 수준에서의 것이다. 대상인 자연이나 예술 작품이 정말로 객관적으로 미적 만족을 주기 때문에 가능한 보편성이 아니라, 우리 개인들이 대상을 어떤 욕망 없이 관조할 때 동일한 판단을 내릴 수 있다는 가능성 측면에서의 보편성이다. 하지만 복제된 예술 작품은 '객관적으로 복제되었음'을 주장하는 대상이기 때문에, 개인의 주관이 개입할 여지 자체가 없다. 감동은 어떤 개인의 역사와 분위기에 의해 일어나는 것이기 때문에, 주관이 개입할 수 없는 대상에 대해 우리는 감동을 받을 수 없다. 감동을 받았다면 그것은 감동을 베낀 것이다.

헤겔은 그의 미학에서 사유된 것은 구체적이고, 개별적이고, 주관적일 수밖에 없다고 말했다. 그의 철학처럼 굳이 절대정신을 강조하지 않더라도 예술의 체험이란 작가의 주관성과 나의 주관성의 만남이고, 때로는 좁히고 싶다가도 다시 좁히고 싶지 않은 거리감일 것이다.

6

구글 글래스는 포르노그래피다

안경이 발명되기 전까지 인간의 시각을 보조해 주는 역할을 한 물체는 오목거울이었다. 안경과 거울 모두, 유리에서 시작된다. 유리의 특성 중 하나는 아무리 가열해도 물처럼 끓어 증발하지 않는다는 점이다. 점성이 높은 액체 상태로 녹을 뿐이고, 상온이 되면 다시 굳는다.

안경이 언제 처음 만들어졌는지 명확하진 않지만 이탈리아 피사의 산타 카테리나 수도원의 「고연대기」[•]란 글을 보면, 1313년에 죽은 알레산드로 델라 스피나란 이름의 수도사가 스스로 안경을 만들었다고 적혀 있다.

• 키아라 프루고니, 『코 앞에서 본 중세』, 곽차섭 역, 길, 2005년

그 후 안경은 지속적인 발전을 했지만, 안경다리가 생기기까지도 수백 년이 걸렸다. 그 전에는 코에 아슬아슬하게 잘 걸치든가 한쪽 손으로 안경을 잡고 있어야 했고, 모자에 붙이든가 관자놀이에 꽉 조이든가 해야 했다.

'눈'이란 것은 세계를 인식하고, 세계를 욕망하며, 욕망의 대상들을 바라보는 창으로, 욕망의 시작점 또는 욕망 자체라고 해석할 수 있다. 시각은 앎의 시작점이다. 대상을 알아야 대상을 욕망하고 지배할 수 있다. 임철규가 쓴 『눈의 역사 눈의 미학』(한길사, 2004년)을 보면 이런 구절이 나온다.

> 이러한 눈의 중요성, 즉 인식 작용에 미치는 눈의 영향력은 이미 고대 그리스인들의 언어에서부터 유추가 가능하다. '안다'의 '오이다oida'가 그 대표적인 예다. 동사 '오이다'는 원래 '나는 본다'라는 의미의 동사 '에이든eidon'의 과거형이다. '나는 보았다'는 의미의 과거형 동사이지만, '나는 안다'는 현재동사의 의미로 주로 사용된다. 이는 과거에 본 것이 곧 현재 아는 것이라는 것을 말해 준다.

시각이 인간을 지배하는 이유는, 인간이 시각을 통해 세상을 인식하고 타인을 지배하려고 하기 때문이다. 이런 시각의 힘 때문에, 라이너 마리아 릴케는 "보는 것은 놀라운 것"이라고 했고, 장 폴 사르트르는 "타인의 시선은 지옥"이라고 했다. 우리가 타인의 시각에 노출되는 것에 불편함을 느끼는 것은 사실이다.

시각의 폭력성이 가장 잘 드러난 곳이 포르노그래피다. 포르노그래피 속의 여자들은 늘 '과장된 표현'을 한다. 정확히 말하면 '남성들의 시선'을 의미하는 '카메라'가 여성들의 오르가즘을 '억지로 시각화해' 포착한다. 오르가즘이란 것은 눈으로 볼 수 있는 것이 아니다. 그것은 내면적이고 생리적인 느낌이다. 하지만 포르노그래피에선 여성들의 오르가즘을 최대한 시각화해 표현하려고 한다. 소리를 시각화하고, 분비물들을 시각화하고, 때로 카메라는 몸 바깥에서 몸 안으로 파고 들기도 한다.

그것은 '시각의 폭력'이다. 다른 인간의 개체성을 무시하고 오직 제 시각만을 절대화하고, 자신의 시각만을 인정하며(여기에서의 시각은 '욕망'과 동의어이다), 자신의 시각으로만 세상을 재단한다. 그것은 다른 사람의 욕망을 무시하는 행위이고, 다른 사람을 제 욕망대로 함부로 할 수 있는 대상으로 규정하는 것이며, 상대를 욕망이 없는 존재로 보는, 즉 인간으로 인정하지 않는 것이다.

본질적으로 '타인의 동의 없는 시각의 개인화'란 속성

을 갖고 있는 구글 글래스는 포르노그래피와 닮은 데가 있다. 사람이 무엇을 보고 어떻게 기억하는지는 개인의 자유이지만, 상대의 동의가 문제다. 포르노그래피의 배우는 그래도 돈을 받고 자발적으로 출연한 것이다. 2014년 6월부터 구글 글래스는 영국에서 1천 파운드의 가격으로 판매를 시작했지만, 일주일 만에 영화관 운영자 협회로부터 극장 안에서 구글 글래스 착용을 금지하라는 요청을 받았다.

구글 글래스는 두 손을 자유롭게 해주는 웨어러블wearable 디바이스로서 군사용 · 의료용 · 경찰용 등으로는 효율적으로 쓰일 것이다. 그 쓰임새들은 '대상을 관찰하고 통제한다'는 구글 글래스의 속성과 잘 맞아떨어지기 때문이다.

질 들뢰즈와 펠릭스 가따리의 『앙띠 오이디푸스』(민음사, 1994년)를 보면 자본주의는 인간을 '기계' 혹은 '기관 없는 신체'로 본다. 구글 글래스처럼 욕망하는 기계가 인간의 몸에 달라붙어 인간이란 기계를 작동시키는 셈이다.

> 그것은 어디서나 작동하고 있다. 때로는 멈춤 없이, 때로는 중단되면서, 그것은 숨쉬고, 그것은 뜨거워지고, 그것은 먹는다. 그것은 똥을 누고 성교를 한다. 그것이라고 불러 버린 것은 얼마나 큰 잘못인가. 어디서나 그것들은 기계들인데, 결코 은유적으로

가 아니다.

젖이 어머니의 신체로부터 채취된다는 것은, 아주 엄밀하게 말하면 사실이 아니다. 왜냐하면 유방은 하나의 욕망하는 기계의 부품으로서 존재하며, 어린이의 입과 연결되고, 혹은 묽고 혹은 진한 그러나 인물과는 아무 상관이 없는 젖의 흐름에서 채취되기 때문이다.

시각은 외부를 향할 수도 있지만, 내면을 바라볼 수도 있다. 구글 글래스 같은 스마트함을 강조하는 자본주의 기계는 외부 시각에만 우리를 집중케 하는 하나의 덫일지도 모른다. 진짜 스마트하다는 것은 행복한 삶을 위한 관조일 텐데 말이다. 구글 글래스 같은 것을 통해, 우리 인간의 지각이 모두 일반화된다면 우리의 기억과 추억, 욕망마저 모두 일반화될 수도 있다. 세계를 지각하는 감각기관 중에서도 가장 큰 비중을 차지하는 시각을 제어한다는 것은 결코 간단히 넘길 문제가 아닌 것이다. 우리 인간이 욕망하는 것인가, 구글 글래스 같은 자본주의적 산물이 욕망하는 것을 우리가 욕망하는 것처럼 느낄 뿐인가?

앙리 베르그송은 인간에게는 일상생활을 영위하기 위한 기계적 지각을 통한 반사 행위도 있지만(가령 우리는 밥을 먹기 위해 숟가락을 뜨지만, 매번 어떻게 숟가락을 뜰 것인지 지각한 후 행동하지 않는다), 개성 또는 추억이라고도 할 수 있는 다른 기억이 있다고 말한다. 이것이 인간의 개성을 보존하고 인간다운 삶을 살게 하는 단초가 된다. 모두가 다 같은 지각을 하고 똑같이 행동하는 것은 우리가 자본주의 시대를 살아가는 기계라 할 수 있다. 행복하게 살기 위해서는 시각과 지각이 내면을 향해야 한다.

CHAPTER 3

인문학의 눈으로 IT 구경하기

카카오란 유목에서 출발해 제국을 만들기 위해
다음에 입성한 다음카카오, 네이버란 성에서 출발해
광활한 모바일 초원까지 제국 내로 통일하기 위해 나간 라인.
다음카카오와 네이버 · 라인은 향후 전략을 어떻게 해야 할까?

1

라인과 카카오톡, 제국과 유목민의 대결

일본과 미국에 통신사를 갖고 있는 소프트뱅크는 2013년에 핀란드 게임사인 슈퍼셀Supercell을 인수했다. 우리는 슈퍼셀은 몰라도, 그들이 막대한 비용으로 마케팅을 하고 있는 모바일 게임 클래시 오브 클랜Clash of Clans은 잘 안다. 2015년 3월 현재, 정말 방방곡곡에서 광고를 하고 있기 때문이다. 영어로 'clan'은 씨족을 뜻하고, 씨족은 유목 사회의 기초 단위다.

한자 '遊牧(유목)'의 '牧'은 목축을 가리키고, '遊'는 '논다'란 뜻도 있지만 '나간다'라는 의미가 더 강하다. 즉, 유목은 '목축을 데리고 나간다'란 뜻이다. 그런데, 어디에서 어디로 나가는 것일까? 유목이 출현한 데에는 다양한 배경이 있겠지만, 그중에서는 농경사회에서 보다 힘이 약한 인접한 씨족들을 성 바깥으로 내쫓으면서 오갈 데 없어진 그들이 군락을 이룬 것도 하나의 이유일 수 있다. 유목민은 성城의 기준에서 보면 배제된 사람들이다.

성城은 흙土으로 이룬다成는 뜻으로, 흙으로 쌓아 올린 벽을 말한다. 벽은 아군과 적군을 가리는 확실한 경계선이자, 돌로 구축된 적대감을 상징한다. 벽은 물리적인 장애물이면서도 한없이 펼쳐진 펄럭이지 않는 깃발이며, 외부의 침입을 막고 내부 단결에 작용하는 기제이다. 벽은 외부 확장성을 멈추고, 점점 안으로 구심점을 찾아가겠다는 결정이다.

만리장성은 중국 최초로 전국을 통일한 진나라 때부터 본격적으로 쌓기 시작했고, '유목'이란 단어는 중국 역사상 전제군주가 가장 많았던 명나라 때부터 등장했다. 명나라는 몽골족이 세운 원나라를 무찌르고 세워졌지만, 그 후에도 원나라는 '북원'이란 이름으로 북쪽에 살아남았다. 그런 명나라는 자신을 불안케 하는 유목인들을 끊임없이 경계해야만 했었다.

언뜻 생각하면, 유목민의 생활이란 것은 만사 편안해 보이지만 실상은 그렇지 않다. 안전한 성 밖을 떠돌아다니며 자기를 외부의 모든 위험에서 보호할 수 있는 능력이 있어야 한다. 말을 잘 타거나 낙타를 잘 다룰 줄 알아야 하고, 자연환경에 민감하게 반응해야 하며, 불시에 찾아오거나 찾아갈 적을 한번에 섬멸할 수 있는 과감하고 순발력 있는 전략과 전투력을 모두 갖추어야 한다. 북송이 2,000명의 군사를 이끌고 금왕조의 기병 17명을 습격한 일이 있었다. 17명의 기병은 한 명도 죽지 않았지만, 북송의 2,000명은 전멸당했다. 기병은 전략적으로 움직이며 적을 교란시키고 사살했다.

가벼운 것은 떠오르고, 무거운 것은 가라앉는다. 무거운 것은 느리고, 가벼운 것은 빠르다. 빠른 것은 적을 먼저 죽이고, 느린 것은 나중에 자기가 죽은 것을 안다. 이것은 고전 물리학의 법칙이다. 또한 가벼운 것이 가벼운 몸집으로 전략적으로 움직여야 승리한다는 것은 '모바일의 법칙'이기도 하다. 카카오톡의 성공 이유로 흔히 문자(메시지) 기능의 무료화, 단체 채팅방 기능, 시장 선점으로 인한 네트워크 효과 등을 꼽는다. 하지만 카카오톡을 비롯한 모바일 메신저의 성공을 또 다른 관점에서 본다면 그것이 '참을 수 없을 정도로 가볍기' 때문이었다. 모바일 메신저에서 일어나는 모든 대화가 가볍다는 의미가 아니라, 플랫폼 속성 자체가 그렇다는 것이다.

모바일 시대의 총아를 꼽으라면 SNS와 모바일 메신저

두 개를 꼽을 수 있는데, 둘의 속성은 비슷해 보이지만 많이 다르다. 이것이 최고의 SNS인 페이스북이 모바일 메신저 왓츠앱WhatsApp을 IT 역대 최대 규모인 20조 원을 들여 인수한 이유다. 페이스북은 하나의 통합된 앱으로 제공되던 페이스북 메신저를 SNS 페이스북에서 분리했다. 육군과 해군이 연합 작전으로 가야 성공하지, 억지로 통합해 하나의 부대로 만들면 점점 어려워진다는 것을 인정했기 때문이다.

흔히 사람들은 글 쓰는 것보다 말하는 것이 쉽다고 얘기하지만, 어딘가에 제출해야 하는 진지한 글이나 재미와 깊이가 필요한 글이 아니라 잡담 수다 정도라면 문자언어가 훨씬 편하다. 사실 음성언어는 매우 피곤한 것이다. 음성언어는 각자의 마음을 온전하게 숨길 수 없다. 쌍방의 음색과 분위기를 통해 말하지 않아도 마음을 많이 드러내기 때문이다. 음성언어의 경우에는 말 사이에 놓인 틈새를 통해서도 표현을 할 수 있다. 굳이 한숨 소리가 아닌 숨소리도, 주변에서 들리는 친구의 목소리도, 심지어 길가에서 들리는 우연한 소리조차 직접적이다. 자신의 속내를 불가피하게 드러낼 수밖에 없기 때문에 화자는 부담감을 느낀다.

그에 비해, 피처폰 시절의 문자 그리고 모바일 메신저를 포함한 문자언어는 우리에게 어느 정도 조작의 여유를 준다. 문자언어는 정확히 말해 개인의 공간에서 개인이 홀로 말하는 언어이지, 쌍방이 같은 시간에 같은 공간에서 적나라한 맨몸으로 소통하는 언어는 아니기 때문이다. 그래서 문자언어는 사실상 자신이 하고픈 말을 모조리 쓰고 상대에게 일방적으로 보내는 '내용증명'의 속성을 가진다. 이모티콘과 스티커의 활용, 쓰고 수정하고 지우기, 고의적인 오타, 확인 후 답변에 뜸들이기 등 그 조작의 방법은 다양하다. 이런 면에서 어쩌면 다양한 심리적 조작 수단을 제공하고 충분히 변명의 여지가 있는 커뮤니케이션 툴을 제공하는 모바일 메신저가 가장 오래 살아남을지도 모른다.

자크 데리다는 『그라마톨로지』(민음사, 1996년)에서 문자언어는 원래 '음성언어의 대리 보충', '음성언어 자체의 대변인'에 불과한 것이지만, 문자가 과잉되면서 문자언어는 '음성 언어의 죽음la mort de la parole'마저 불러왔다고 했다. 아리스토텔레스도 문자언어의 2차적 · 간접적 속성에 대해 말했다. 그는 소리는 영혼의 상징이며, 문자는 소리의 상징이라고 했다.

모바일 메신저에서 오가는 말들은 시詩와 가장 대척점에 있으며, 수다와 동일하다고 할 수 있다. 아우구스티누스는 수다쟁이들을 놀리고 비웃듯, 그들의 마음은 귀가 아닌 혀와 연결돼 있는 것 같다고 말했다. 즉, 수다쟁이들은 귀로 듣는 행위나 머리에서 곱씹는 과정을 중요하게 생각하지 않는다는 것이다. 카카오톡의 문자언어는 마음속 진실과는 거리가 멀다. 거리가 가까웠다면, 오가는 말에서 인플레이션이 일어나지 않았을 것이고 가입자도 계속 늘어나지 않았을 것이다.

> 사람은 친구 외에는 그 누구에게도 말하지 못하는 추억을 가지고 있다. 또한 친구에게조차 말 못 하고 오직 자신에게만 말할 수 있는 말도 비밀리에 마음속에 갖고 있다. 하지만 그중에는 자신에게조차 말하기 두려운 것이 있으니, 제대로 된 사람이라면 누구나 마음속에 담아 두고 꺼내지 않은 그런 것이 수없이 많다.*

사람들은 도스토옙스키가 『죽음의 집의 기록』에서 말한 '누구나 마음속에 담아 두고 꺼내지 않은 말'을 웬만하면 카카오톡 채팅창에서 하지 않는다. 그런 말은 하지 않아도 된다는 기본적인 공감대가 형성된 곳이 카카오톡 같은 모바일 메신저이기 때문에, SNS와 더불어 모바일 시대의 총아가 된 것이다.

마르틴 하이데거가 '언어는 존재의 집'이라고 했을 때의 '언어'는 바로 '시적 언어'를 가리킨다. 하이데거는 시적 언어를 '진술하는 비진술로서의 언어'라고 했는데, 이는 행간에 쌓여 있는 정적인 소리, 즉 침묵을 말하는 것이다. 하이데거처럼 시가 존재를 이해하게 하고 또 드러나게 해준다고 사유한 철학자 메를리 퐁티는 이렇게 말했다.

> 시끄러운 말들 아래에 있는 근원적인 침묵으로 파고들지 못한다면, 대상에 얽매여 대상에 대한 관심 차원에만 머무를 것이다.••

하이데거의 언어 구분에 따르면, 카카오톡의 수다는 '잡설'이다. 하지만 모바일 메신저가 시를 버리고, 수다를 택했을 때 사람들 사이에서 범람할 수 있었다. 사람들은 스마트폰이란 말을 타고, 모바일 메신저로 박차를 가하며 넓은 가상의 초원을 뛰어다녔다. 그리고 칭기즈칸의 손자로 몽골제국의 5대 칸이 된 쿠빌라이의 전략대로 '다인종, 다언어, 다문화'가 어우러진 제국을 만들었다. PC란 제국의 벽 밖으로 쫓겨난 유목민이 강대한 제국을 형성해 역습을 가한 것이다.

하지만 안토니오 네그리는 제국 발전의 역설에 대해 말한 적이 있다. 제국은 발전하는 것과 동시에 전복되고

• 앤서니 그린월드, 마자린 바나지, 『마인드버그』, 박인균 역, 추수밭, 2014년
•• 송석량, 『언어와 합리성의 새 차원』, 충남대학교출판부, 2003년

있다는 것이다.

카카오톡의 가입자 수는 2014년 기준으로 1억 7,000만 명인데, 계속 정체 상태를 보이고 있다. 월간 순 이용자MAU, Monthly Active User는 4,800만 명으로 2013년 말 5천만 명을 넘었던 것에서 계속 빠져나가고 있다. '야후 재팬'과 제휴해 일본에도 진출했지만, 네이버의 라인에 밀려 결국 적자를 남긴 채 사업을 철수했다.

강력한 유목민의 활동으로 제국은 넓혔지만, 넓어진 제국의 구심점이 되어 줄 문화, 즉 콘텐츠가 없었고 그래서 경계의 벽을 확실히 치지 못했다. 그에 비해, 스티커라는 문화를 가진 라인과 역시 실제 이미지라는 문화를 가진 핀터레스트Pinterest는 유목민에서 출발해 제국을 완성해가고 있다. 2014년 말, 핀터레스트의 가입자 수는 7천만 명이지만 이용자의 활발한 활동 때문에 페이스북, 트위터와 함께 세계 3대 SNS로 꼽힌다.

카카오톡의 네트워크 효과는 이제 한계를 보이고 있고, 콘텐츠를 갖추기 위해 모바일 결제나 콜택시 같은 O2O 사업에도 적극 진출하고 있지만, 카카오톡의 근본 속성과 잘 맞지 않는다는 게 문제다. 카카오는 제국으로 가는 길을 열기 위해서, 한때의 제국이었던 다음과 합병해 다음카카오를 만들었다. 다음이 제국이 아니기 때문에 카카오는 다음과의 합병을 선택했을 것이다. 무리한 서비스의 '합침'은 안 된다는 당연한 판단하에, 두 개 회사의 서비스는 당분간 따로 운영될 것이다. 하지만 동시에 두 회사가 합병한 의미가 있어야 하기 때문에 언젠가 어떤 식으로든 합쳐질 것이다.

『제국』(소화, 2014년)에서는 제국을 두 가지로 구분한다. 원래, 제국의 어원인 '임페리움'은 '지배하는 지역'을 의미하는 동시에 사법권을 가진 공권력이라는 의미로도 쓰였다. 그것이 중세를 지나며, 황제나 왕에 의해 종속되어 있는 제국이라는 의미로 한정되었다. 저자가 주목하는 것은 현대의 제국인 미국의 민주적 팽창이며, 그것은 고대의 로마와 마찬가지로 미국이라는 나라의 내부 정치 질서가 낳은 필연적 결과라고 말한다. 미국 제국이 근대기의 제국주의적 형태와 근본적으로 다른 것은 내재적 시스템이 배타적이 아니고 포용적으로 확장해 나가는 데에 있다.

여기에서 발생할 수 있는 제국의 근본적인 문제에 대해 이 책에서는 이렇게 말한다.

> 제국을 만들고 유지시킨 그 정통성 있는 자율적인 시스템은 제국에서 오류가 발생할 시 혁명을 일으킬 수 있다. … 제국에게 있어 문제는 … 위협을 제기하는 세력이 애당초 그 제국을 구성

한 기초라는 사실이다. 그러므로 제국이 존속하기 위해서는 그 제국에 대한 위협의 원천인 동시에 그 기초이기도 한 '자율적인 생산적 협력의 세력들'을 통제하되 파괴해서는 안 된다.

사실 이 문제는 카카오의 것이라기보다는, 네이버란 본진本陣의 제국에서 출발해 유목민 제국을 건설 중인 라인에 적용될 수 있는 얘기다. 모든 IT기업은 서비스나 조직 관리 측면에서 가볍고 빠르게 시작했다가, 제국화가 될수록 기업문화가 바뀌기 시작한다. 하지만 제국의 권력은 결국 내부의 '자율적인 세력들'을 파괴하려 할 것이고, 그것 때문에 역사적으로 국가에도 흥망이 있고, 기업에도 흥망이 있는 것 아니겠는가? 다만, IT 세계에선 흥망의 속도가 더 빠르게 진행된다.

제국이 되려면 강력한 벽을 쌓고 배타적이 되어야 하지만 그럴수록 제국의 최후가 온다는 것은 아이러니다. 하지만 역사적으로 보아도 그 아이러니를 해소하기란 불가능에 가깝다. 카카오란 유목에서 출발해 제국을 만들기 위해 다음에 입성한 다음카카오, 네이버란 성에서 출발해 광활한 모바일 초원까지 제국 내로 통일하기 위해 나간 라인. 다음카카오와 네이버 · 라인은 향후 전략을 어떻게 해야 할까? 서로의 성으로 달려가 공성전을 해야 할까 아니면 성 안팎의 힘을 모아 대회전을 준비해야 할까?

일단은 성은 성대로 내버려 두고, 광활한 초원에서 유목 전쟁을 하는 것이 맞을 것이다. 왜냐하면, 전력의 무리한 병합은 많은 준비 시간을 필요로 하고 IT에서 시간 싸움보다 중요한 것은 없기 때문이다. 다만, 성과 유목민 간에 물자 공급이 원활히 되어야 하는데 여기에서의 물자 공급은 콘텐츠이다. 물자 공급을 원활히 할 도로는 LTE 같은 네트워크가 아니라, 페이스북이 가장 잘 활용하고 있는 이용자의 심리기제이다.

이제 커뮤니케이션 플랫폼은 이용자에게, 유용성이나 재미를 넘어서서 어떤 심리적 만족까지 줘야 한다. 페이스북의 경우에는, 이 심리기제 중 하나가 "자랑하고자 하는 욕망"이라고 살펴본 바 있다. 무기를 벼리는 것뿐 아니라, 일종의 심리전도 필요한 것이다. 왜냐하면, 카카오톡이나 라인 모두 사람의 심리를 표현하는 도구이기 때문이다.

2

스피노자, 플랫폼을 말하다

헨리 데이비드 소로는 『월든』에서 전자 매체를 위해 전신주를 설치하는 것에 대해 이렇게 말했다.

> 사람들은 메인 주에서 텍사스 주까지 서둘러 전신을 가설하고 있다. 그러나 메인과 텍사스 간에는 중요한 연락을 취할 만한 특별한 요인이 없다. 사람들은 대서양의 해저로 터널을 만들어 구세계의 소식을 몇 주 앞당겨 신세계로 전하기 위해 열중하고 있다. 그러나 미국인들의 크고 살랑거리는 귀에 전해지는 첫 소식이란 아들레이드 공주가 백일해를 앓고 있다는 것 정도일 것이다.*

소로는 뉴스의 가치를 폄하하지만 뉴스란 콘텐츠는 문

자연어 이전에도 있었던 것으로 마치 인간의 숨결처럼 인간과 늘 함께했다. 우리의 인사말 중 하나는 "별일 없으시죠?(What's new?)"인데, 이는 안부를 묻는 말이기도 하지만, 상대에게서 뉴스를 탐색하려는 성격이 강하다. 인간이 뉴스를 보는 이유는 세 가지로 생각해 볼 수 있다.

첫째는, 뉴스를 통해 자신의 삶과 직접적으로 연결시킬 수 있는 정보를 얻기 위해서다. 16세기 초 베니스 상인들은 포르투갈로 향료를 운반하는 선박에 대한 정보를 얻기 위해 많은 노력을 했다. 수송 선박이 실종되거나 해적에 나포되었다는 소식이 전해지면, 베니스의 향료 가격이 급등했던 것이다. 반대로, 수송 선박이 포르투갈의 리스본에 안전하게 도착했다는 뉴스가 도착하면, 베니스의 향료 가격은 급락했다. 하지만 이처럼 삶에 직접적으로 큰 경제적 이득을 줄 수 있는 뉴스는 대체로 대중화되지 않는다. 진짜 가치 있는 뉴스는, 돈이 되면서 아무도 모르고 나만 아는 뉴스이기 때문이다.

뉴스를 보는 두 번째 이유는, 뉴스를 통해 중심에 접속돼 있다는 느낌을 갖고 싶어 하기 때문이다. 여기서의 중

• 미첼 스티븐스, 『뉴스의 역사』, 이광재, 이인희 역. 커뮤니케이션북스, 2010년, 「월든」 부분 재인용

심이란 권력의 중앙부일 수도 있고, 동네 아주머니들이 모이는 어느 카페의 테이블일 수도 있다. 사람들은 자신이 속한 또 속해 있던 곳에서 소외당하지 않고, 트렌드를 따라가고 있다는 느낌을 갖고 싶어 한다. 기원전 51년, 로마의 정치가이자 문필가인 키케로는 지금의 터키 남부 지방에 있는 실리시아의 총독으로 부임했다. 그는 수도 로마에 있는 사람에게 부탁해, 편지를 통해 로마의 뉴스를 자주 받아 보았다. 하지만 그는 편지에 적힌 대부분의 소식이 사소한 것들이라고 푸념했다. 하지만 뉴스의 두 번째 기능은 이 정도로도 충분하다. 중심에 직접적으로 뛰어 들어가는 것이 아니라, 테두리에 걸쳐 있다는 느낌 정도만 받으면 그 목적을 실현하는 것이기 때문이다.

뉴스를 보는 세 번째 이유는, 새로운 콘텐츠에 대한 인간의 무한한 갈망 때문이다. 인간은 늘 새로운 이야기를 듣고 싶어 하지만 늘 새로운 이야기를 생산하려는(할 수 있는) 사람은 소수에 불과하다. 뉴스는 굳이 이야기를 창작하는 것은 아니지만, 바로 여기서는 알 수 없는 저곳의 이야기를 들려주기 때문에 여기에 있는 사람에게는 새로운 이야기가 된다. 그리고 가장 중요한 것은 인간이 살아가면서 새로운 일을 벌이고, 다른 사람과 갈등을 빚고, 성공과 실패를 하는 한 이곳저곳에서 새로운 이야기는 늘 생겨난다는 것이다.

모바일 시대 전에도 사람들을 불러 모으고, 그렇게 불러 모은 사람들을 계속 남아 있게 하려면 새로운 콘텐츠가 끊임없이 필요했다. 그때 뉴스만큼 무한한 번식력을 자랑하는 콘텐츠는 없었다. 동영상이나 음원을 전문으로 취급하는 모바일 플랫폼 외에, 다른 플랫폼들이 뉴스라는 콘텐츠에 집중하는 까닭이 바로 여기에 있다.

페이스북은 뉴스 콘텐츠와 관련해, 2013년에 일주일 동안 약 30개의 언론매체를 대상으로, '페이스북 효과'에 대한 확인 테스트를 실시했다. 페이스북에 만든 자사 페이지에 뉴스를 올리는 각 언론사의 리퍼럴 트래픽(링크를 통해 언론사 홈페이지를 방문하는 숫자)이 평균 170% 증가했다. 테스트 시행 후 페이스북은 2013년 4분기에 스토리 투 쉐어Stories to Share 기능을 출시했다. 이는 언론사가 페이스북에 게시물을 공개하고 이용자가 공유하기를 누르면, 이용자의 페이스북에 게재되는 형태로 일종의 '콘텐츠 공유 제도'이다. 대신 언론사는 페이스북 관리자 툴에서 어떤 기사가 인기 있었는지 등을 분석할 수 있다.

이후 2014년 2월 페이스북은 페이퍼Paper란 맞춤형 뉴스 리더 서비스를 별도의 앱으로 내놓았다. 페이퍼는 전문 에디터가 큐레이션해 제공한 것에, 이용자의 관심과 흥미에 따라 페이스북 내의 콘텐츠를 추가해 볼 수 있는 맞춤형 매거진이다. 큐레이션을 통한 맞춤형 뉴스 서비스인 플립보드Flipboard와 유사하지만 다른 점은, 페이스북과는 달리 플립보드는 누적된 이용자 데이터를 제공할 수 없다는 것이다.

하지만 페이스북의 페이퍼는 업계 내에서 큰 반향을 일으키지는 못하고 있다. 다음카카오에서 출시했던 카카오토픽도 마찬가지다. 카카오토픽은 언론사뿐 아니라 블로그, 커뮤니티, 원천 저작권자들과도 제휴해 단순한 뉴스 큐레이션 서비스보다 더욱 다양한 콘텐츠를 제공한다. 자동으로 알고리즘이 적용돼 사용자의 선호도에 따라 콘텐츠가 추천되는 기능도 있고, 콘텐츠 별로 댓글도 달 수 있으며 좋아요 등의 호감도 남길 수 있다.

그렇지만 페이퍼와 카카오토픽은 생각만큼 잘 안 되고 있다. 이 시점에서 페이스북과 카카오톡의 실체substance가 무엇인지 생각해 볼 필요가 있다. 스피노자는 '실체'에 대해 말하기를 다른 것으로부터 산출되지 않고, 자신을 원인으로 해서 존재하는 것이라고 정의했다.

자체적으로 존재하기 때문에 그 자체로만 파악되며, 그 개념을 형성하기 위해 다른 것에서 개념을 빌려 오지 않아도 되는 것이다. 실체는 속성attribute에 의해 구별될 수 있는데, 한 실체가 갖는 속성을 다른 실체가 동시에 가질 수는 없다.

그렇다면 페이스북과 카카오톡은 다른 실체일까? 아니면 속성이 똑같은 하나의 실체일까? 스피노자의 개념을 끌어왔기에 조금은 관념적으로 보이지만 이 질문은 대단히 중요하다. 페이스북은 인간이 관계를 맺을 때 보이는 여러 감정선 중 '자아만족, 행복 표출, 자만심, 공명심, 긍정적 에너지' 등의 좋은 부분이 드러나도록 만든, 전에 없던 새로운 관계 툴이다. 이에 비해, 카카오톡은 인간이 일상적으로 하는 말을 조금 더 편하게 할 수 있도록 만들어진, 전에도 유사하게 있었던 채팅창이다. 페이스북과 카카오톡은 분명히 다른 실체이고 그 실체의 성격, 즉 속성도 다르다.

페이스북은 페이퍼라는 뉴스 매거진 서비스도 내놓았지만, 실은 페이스북 자체가 점점 콘텐츠 플랫폼이 되어가고 있다. 페이스북은 사용자의 성향에 맞춘 적절한 광고와 함께 뉴스피드를 침해하지 않도록 사이드 쪽에 광고를 위치시켰기 때문에 광고에 대한 이용자의 반감이 덜한 편이다. 또한 기업들도 페이스북에 광고를 하기 위해서는 단순한 제품 홍보나 브랜드 마케팅이 아닌, 광고 그 자체가 하나의 콘텐츠로서 재미있어야 한다는 것을 알고 있다. 페이스북에서는 여전히 친구들의 소식을 보고 안부를 물을 수 있지만, 언젠가부터 우리는 페이스북에서 더욱 많은 정보를 얻어 가고 있다. 언론사를 포함한 다른 매체들이 모두 페이스북에 맞게끔 콘텐츠를 재가공해 올리기 때문이다. 또한 페이스북 이용자들도 직접 게시물을 올리거나 다른 곳에 게재한 콘텐츠를 링크해 올리기 때문에, 블로그의 기능까지 하고 있다고 볼 수 있다. 페이스북 자체가 점점 매거진이 되어 가는 것이다.

하지만 카카오톡은 일상의 수다란 실체와 가벼운 휘발성이란 속성 때문에 매거진이 되기는 힘들다. 누구라도 카카오톡이 매거진의 속성을 가지고 있다고 생각하지 않는다. 더구나 카카오톡의 그런 속성을 그대로 가지고서 형태만 변한 카카오토픽에서도 사람들은 매거진에서와 같은 정보를 얻으려는 기대를 하지 않는다. 사실 카카오톡은 처음부터 철학에서 유명한 테제인 '오컴의 면도날Occam's Razor'을 지향한 서비스였다. 불확실한 보편성을 인정하지 않았던 중세 유명론 철학자였던 오컴은 철학적 사고를 방해하는 쓸데없는 전제들을 모두 잘라 내야 한다고 말한 사람이었다. "있어도 좋지 않을까?"란 의구심이 드는 기능은 모두 잘라 내고, 오직 미니멀리즘에 근거해 접근했다.

카카오토픽은 카카오톡의 양태라고 볼 수 있다. 양태

mode란 실체가 변화된 것으로, 실체에 의존적이며 매 순간 자신의 모습을 바꾸면서 존재하는 방식을 의미한다. 가령 스피노자는 삼각형의 비유를 들었는데, 삼각형이란 실체는 세 개의 꼭짓점이라는 속성을 갖고 있다. 하지만 삼각형의 형태는 무한히 많고 매번 변화할 수 있는데, 그것이 곧 양태다.

따라서 태생이 커뮤니케이션 플랫폼인데도 콘텐츠 플랫폼을 지향하는 카카오토픽은, 커뮤니케이션 플랫폼에 머물 수밖에 없는 실체, 카카오톡에 위배되는 것이다. 카카오톡의 대화는 모두 휘발되는 성질이 있지만, 콘텐츠 플랫폼은 콘텐츠가 빠른 속도로 바뀔 수는 있어도 어느 정도는 무거워야 한다. 콘텐츠 플랫폼은 사람들을 끌어당기는 중력이 필요한데, 그 중력은 가볍지 않은 질량에서 비롯되는 것이다. 하나의 양태에 불과한 것을 실체화하려고 도전하다 보니 어느 정도 실패 쪽으로 기울 수밖에 없다. 반대로, 페이스북은 '자아만족, 행복 표출, 자만심, 공명심, 긍정적 에너지'란 속성을 가진 SNS 플랫폼이었고, 그것은 현재 가장 강한 중력을 갖고서 모든 서비스들을 끌어당기고 있다. 이것이 흩어져 있던 콘텐츠들이 페이스북 쪽으로 끌려 들어오는 이유다.•

스피노자는 변화를 선택할 수 있는 자유와 앞에 놓인

제약에 대해 설파한 적이 있다. 그는 우리 앞의 진짜 제약을 발견하거나 깨닫지 못하는 것을 무지라고 했고, 자유에 대한 착각이라고 했다. 진정한 제약에 대해 긍정하는 태도가 필요함을 역설한 것이다. 진정한 발전은 제약을 회피하며 변화하는 척하는 것이 아니라, 먼저 변화하지 않고 제약을 마주하는 태도에서 나온다는 것이다. 스피노자는 자신의 본질은 바뀔 수 없기 때문에, 자신이 아닌 주변을 바꾸어야 한다고 했다.

가입자가 많으면 뭐든지 할 수 있다는 믿음. 그 믿음은 과연 근거가 있는 것일까? 자신의 실체에서 벗어나는 양태, 서비스를 구현하는 것은 과연 가능한 일일까? 비단, 이 문제는 카카오톡만의 것은 아니다. 페이스북의 성공 이유 중 하나는 광고를 최대한 절제하면서도 이용자가 콘텐츠를 소비하는 데 불편함이 없도록 했기 때문이다. 하지만 페이스북에 동영상 광고, 커머스, 결제 등의 기능이 더해지면 어떻게 될까? 가령, 동영상 광고는 뉴스피드에 노출

• 그러므로 이는 꼭 카카오토픽만의 문제는 아니다. 2013년 정보통신정책연구원의 발표에 따르면, 20대를 제외하고 한국에서 가장 많이 사용되는 SNS는 카카오스토리였다(10대: 1위, 33%, 20대: 3위, 20.8%, 30대: 1위, 41.4%, 40대: 1위, 39.6%). 하지만 2015년 2월 트래픽 분석기관인 코리안클릭에 따르면 카카오스토리의 이용자의 월평균 사용 시간은 전년 동월 대비 9.8분에서 5.1분으로 줄었다. 네이버의 폐쇄형 SNS인 밴드는 5.7분으로 카카오스토리를 앞질렀다. 페이스북은 9.4분에서 12.5분으로 증가했다.

될 수밖에 없는데, 동영상 광고 콘텐츠가 아무리 재미있어도 사람들이 이를 좋게만 받아들일까? 실제로 뉴스피드에 동영상이 있으면 페이스북 이용 속도는 없을 때보다 현저히 느려진다.

서비스의 실체가 바뀌지 않아야 유지할 수 있다. 하지만 무조건 그대로만 있다고 해서 성공을 장담하지는 못한다. 이것이 비즈니스가 어려운 이유일 것이다.

3

누가 빅데이터를 이길 수 있는가

빅데이터는 인간이 관심을 두고 있는 모든 분야에 대해 체계적인 해결책을 줄 것처럼 보이지만, 빅데이터가 우리에게 조언할 수 있는 영역은 우리가 빅데이터에게 제공하는 데이터와 그 분야에 국한된다. 가령, 우리는 우주를 빅데이터의 대상으로 삼을 수 없다. 우주 속을 방황하는 몇 대의 탐사선과 망원경은 드넓은 우주에 비하면 한 점의 감각기관이라 말하기도 어려운 수준이기 때문이다.

빅데이터는 데이터를 수집하는 감각기관인 센서가 있어야 가능하다. 우리는 흔히 SNS상에서 사람들이 쏟아내는 '말'만 빅데이터라고 생각하지만 말보다 더 정확한 것은 실제 사람, 사물, 환경에서 발생하는, 오프라인에서 생성되는 데이터들이다. SNS상에 100% 진심이나 절대적인 사실을 올리는 사람이 세상에는 한 명도 없다는 것을 보면, SNS의 빅데이터는 태어날 때부터 거짓말쟁이라는 것을 알 수 있다.

그렇다면, 인간이 품고 있는 가장 중요한 문제들을 빅데이터가 해결해 줄 수 있을까? 인간이 품고 있는 문제를 확장시켜 생각하면, 지구 멸망도 그중에 하나로 꼽을 수 있다. 어리석은 질문 같지만 빅데이터가 혜성 또는 소행성의 지구 충돌 문제를 조금이라도 해결할 수 있을까?

1994년 7월 16일, 인류는 목성이 슈메이커-레비 9 혜성을 자기에게로 끌어당겨 충돌하는 모습을 지켜봤다. 목성의 거대한 중력은 혜성을 집어삼켜 혜성이 가지고 있는 물과 이황화탄소, 이산화탄소 같은 물질을 흡수해 버렸다. 그 결과 목성의 크기는 조금 더 커졌다. 목성에 충돌한 슈메이커-레비 9 혜성의 파괴력은 히로시마에 떨어뜨린 원자폭탄의 위력보다 2,700만 배가 더 크다. 충돌 뒤에 지구만한 흔적을 남긴 파편은 목성 궤도 밖으로 튕겨 나갔다.

지구와 충돌할 수 있는 외계 천체로는 소행성과 혜성, 두 가지가 있다. 지금까지 발견된 소행성 중 지름 1km가 넘는 소행성은 대략 50만 개이다. 공룡을 멸종시킨 소행성 혹은 혜성의 크기는 10km로 추정된다. 소행성은 지구에서 비교적 가까운 화성과 목성 사이에서 많이 발견되는데, 목성의 중력 때문에 행성이 형성되지 못했던 것이다. 화성과 목성 사이의 소행성대에는 약 2만 개의 소행성이 있는데, 그중 3,500개만 비교적 궤도가 잘 알려져 있고, 6,500개는 아주 약간의 궤도만 알려져 있으며, 나머지는 모른다.

우리는 외부 천체가 언제 어떻게 다가올지 모르는 상태다. 혜성의 경우는 궤도를 파악하기가 더 까다롭다. 핼리혜성처럼 일정한 기간을 두고 찾아오는 장주기 혜성도 있지만, 출처도 모르고 단 한 번만 지구 근처를 들렀다가 다시 사라져 버리는 혜성도 있다. 태양계 바깥에는 혜성의 주요 구성물인 먼지와 얼음 덩어리들이 잔뜩 존재하는데, 그곳에 최대 100조 개의 혜성이 있을 가능성도 있다. 섭동에 의해, 그곳에서 수백만 년 전에 출발한 혜성이 지구를 향해 다가오고 있을지도 모른다.

브루스 윌리스가 주연한 영화 「아마겟돈」의 소재도 소행성 충돌이었다. 영화에서 사람들은 충돌 2주 전에야 지구와 소행성의 궤도가 만난다는 것을 발견한다. NASA에서는 유정 굴착 전문가인 브루스 윌리스와 동료들에게 우주 비행 연습을 시킨다. 우주비행선으로 소행성에 착륙한 후, 바닥을 뚫은 뒤 핵폭탄을 넣고 폭파시킨다는 계획을 세웠다.

하지만 실제로 지구와의 충돌이 확실히 예견되는 외부 천체가 발견되었다고 해서 우리가 뭔가를 할 수 있을까? 충돌을 10년 전쯤에 예측한다면, 결과는 알 수 없지만 외부 천체의 궤도를 조금이라도 바꿀 수 있게 노력은 해볼 수 있다고 한다. 그러나 현재 우리의 능력으로는 「아마겟돈」에서처럼 2~3주 전쯤에 충돌 가능성을 발견하고 그것을 막을 최선의 방법으로 핵폭탄을 생각할 것이다. 핵물질을 지구가 뒤집어써도, 그리고 폭발 잔해물이 대기에 떨어져 핵겨울 같은 상태를 견뎌야 한다 해도 방법은 그것밖에 없다. 현재 다른 마땅한 방법은 딱히 없고 이것에 대해 크게 고민하는 과학자도 없다. 알아도 어쩔 수 없는 일이기 때문이다.

빅데이터는 인류의 고통과 불평등을 해소하기 위한 목적으로, 미지의 것까지 모두 파악해 '완전한 지식'을 얻기 위해 나온 것이 아니다. 그렇다고 토마스 아퀴나스가 『신학대전』에서 했던 말처럼• 인간의 순수한 지적 호기심에서 비롯된 것도 아니다.

• "본성적으로 알기를 원하는 인간은 그 본성에 쫓겨 지적 탐구를 수행하게 되며 이 지적 탐구는 만인이 신이라 부르는 존재에 도달할 때까지 가지 않으면 안 된다. 그렇지 않으면 중도 포기하게 되어 완전한 의미에서의 지적 탐구가 될 수 없다."(이나가키 료스케, 『토마스 아퀴나스 신학대전 새로 알기』, 조규상 역, 가톨릭출판사, 2011년)

빅데이터의 태생은 이타주의가 아닌 자본주의이다. 빅데이터란 말이 처음 사용된 것은 1997년으로, 소비자들의 소비 패턴을 알고 싶어 하는 기업들의 니즈 때문에 생겨난 것이다. 그때부터 전자상거래와 검색서비스 활용이 본격적으로 시작되어 소비자들의 활동 내역을 빠르고도 정확하게 수집하고 분석할 수 있었다.

모바일 결제가 주목받는 이유 중 하나도, 그것이 빅데이터의 아주 중요한 원천이기 때문이다. 소비자가 자신이 힘들게 번 돈을 지불하고 물건을 구매한 그 거래 정보만큼 귀한 정보는 드물다. 또 모바일에서는 결제 전후의 소비자 행동 패턴까지 알 수 있기 때문에 더 소중한 정보로 취급된다. 이런 경향은 오프라인에서 실제 정보를 있는 그대로 수집할 수 있는 사물인터넷 시대가 되면 더욱 가속화될 것이다.

돈에 대한 깊이 있는 사유로 '돈의 철학자'라고 불리는 게오르크 짐멜은 화폐가 하나의 순수한 형식이기 때문에, 무한히 많은 것들이 담길 수 있다고 했다. 또, 어떤 내용이 담길지 알 수 없기 때문에, 그 가능성 때문에 도구 중에서도 최고의 가치를 갖고 있는 것이라고 했다.

여기서 '화폐'를 '데이터'로 바꾸어 부르면 어떨까? 빅데이터 시대에서 데이터는 곧 돈이 된다. 문제는 그것을 어떻게 사용하는가이다. 누구에게 어떤 식으로 활용되기 전에 데이터는 아직 순수한 상태이기 때문이다. 구글의 개인 비서 서비스 나우, 애플의 시리, 마이크로소프트의 코타나… 이들은 우리의 일상 정보를 끊임없이 채굴해 가고, 우리는 그 대신 일상의 편리함을 얻는다. 노동의 고통으로부터 도피하기 위해 우리가 기계를 도입했듯이, 정보의 홍수 속에서 마주하는 선택의 고통으로부터 회피하기 위해 빅데이터 서비스를 우리의 삶 속에 끌어들였다.

에리히 프롬은 『자유로부터의 도피』(휴머니스트, 2012년)에서 이에 대한 예언자적인 언급을 한 바가 있다. "나약함이 인간 충동의 목표가 될 수 있음을 보여 주는 현상이 있는데, 그것은 바로 '피학적 도착'이다. 피학적 도착에 빠진 사람이 원하는 것은 타인에게 어린애 취급을 받는 것이다." 이런 현상과 관련해 많은 데이터를 수집하고 있는 구글의 CEO인 에릭 슈미트조차 자신에 대한 정보가 알려지기를 원하지 않는다면, 그 어디에도 기록하지 말라고 했다. 아우구스티누스는 이미 1,500년 전에 이렇게 말했다.

> "비밀을 지키지 않았다고 해서 대체 무슨 권리로 남을 나무랄 수 있단 말인가? 알려져서는 안 될 일이라면 남에게 이야기하지 말았어야 할 것이다. 그대가 비밀을 자신에게서 꺼내 다른 사람 속

에 감추려 한다면, 그대 자신보다 남을 더 신뢰하는 셈이다."•

시장조사기관 IDC는 세계 빅데이터 시장이 매 39.4% 성장해 2015년에는 169억 달러의 규모가 될 것으로 전망하고 있다. 국내 빅데이터 시장 크기는 한국과학기술정보연구원 전망에 의하면 2015년에 2억 6300만 달러, 2020년 즈음에는 8억 500만 달러(약 9천억 원)에 이른다. 안전행정부, 미래창조과학부 등의 정부기관들도 빅데이터 사업에 수십억 원의 예산을 투입할 계획이다. 미래부는 2013년 9월에 '빅데이터 분석활용센터' 구축을 시작으로, 2016년까지 5천억 원을 투입하는 빅데이터 마스터플랜을 수립하기도 했다.

이렇게 승승장구할 빅데이터 시장이지만, 빅데이터에는 크게 두 가지 문제가 있다. 첫째는, 개인정보 보호 문제이고, 둘째는 기업의 빅데이터 지배에 관한 문제다. 우리의 개인성이 사라지는 동시에, 기업이 우리의 삶을 지배하게 될 수도 있기 때문이다. 기업이 지배하기 때문에 개인이나 인류의 삶이 나빠지는 것은 아니지만, 그 후에 개인의 의사결정권이 점차 사라지게 될 것이란 점은 사실이다.

• 플루타르코스, 『수다에 관하여: 플루타르코스의 윤리론집』, 천병희 역, 숲, 2010년

빅데이터와 관련해서 몬산토 이야기를 해보자. 2013년 10월, 미국의 거대 농업기업인 몬산토Monsanto는 9억 3,000만 달러에 날씨 관련 데이터를 분석하는 벤처회사 클라이미트 코퍼레이션Climate Corporation을 인수했다고 발표했다. 클라이미트 코퍼레이션은 지역별 날씨 모니터링 및 농업과 관련된 데이터를 기반으로 한 모델링을 통해, 작물 재배에 대한 시뮬레이션을 하는, 날씨와 농업 기반 빅데이터 기업이다. 그 뒤로도 몬산토와 클라이미트 코퍼레이션은 농업 분야에 활용할 수 있는 생명공학기술BT, 환경기술ET, 정보기술IT 기업들을 계속 인수하고 있다.

사실, 날씨에 관한 빅데이터를 수집하는 것은 인류의 오랜 꿈이었다. 오랜 옛날, 인간은 자연을 무서워하고 그 속에 정령 또는 신이 깃들었다고 믿었고, 심지어 인간이 인간을 제물로 바친 이유도 자연의 변화를 예측할 수 없었기 때문이었다.

빅데이터란 말이 등장하기 전인 1996년에, IBM은 딥썬더Deep Thunder라는 데이터 기반 날씨 예측 프로젝트를 시작했다. 뉴욕에 관한 기상 모델을 수립하고 고객들에게 맞춤 날씨 정보를 제공하기 위한 목적이었다. 이 밖에도 미국 국립해양대기청이나 일본 기상청에서도 다양한 목적으로 빅데이터 수집을 통한 날씨 시뮬레이션을 하고 있다.

정부 입장에서는 허리케인이나 해일 경보 등 공공의 목적을 위해서라지만, 영국 테스코 같은 유통업체에서는 '기온이 18F도 이상으로 상승하면, 바비큐 판매량은 300% 증가한다'는 식으로 영업에 활용하기도 한다.

몬산토의 주장대로 이런 기술 결합이 인류를 먹거리의 고통에서 해방시켜 줄 가능성도 배재할 수 없기 때문에, 굳이 삐딱하게만 볼 필요는 없지만, 동시에 좋게만 바라볼 수도 없는 노릇이다. 프랑스의 저널리스트 마리 모니크 로뱅이 쓴 『죽음을 생산하는 기업, 몬산토』(이레, 2009년)를 보면 이런 구절이 나온다.

> 나는 검색창에 '몬산토'라고 입력했다. 놀랍게도 700만 건이 넘는 검색 결과가 나타났다. '몬산토'에 '환경오염'이라는 단어를 추가했더니, 34만 3천 건의 검색 결과가 나왔다. 다시 '범죄'라는 단어를 추가했더니, 16만 5천 건의 검색 결과가 나왔다. 다시 '부패'라는 단어를 추가했더니, 12만 9천 건의 결과가 나왔다. 또다시 '몬산토가 과학적 자료를 조작했다'라는 문장을 추가했더니, 무려 11만 5천 건의 검색 결과가 나왔다.

같은 책에 소개된 몬산토의 '업적'은 이루 말할 수 없으나, 몇 가지를 예로 들면 아래와 같다.

몬산토는 50년이 넘는 세월 동안 미국에서는 아로클로르, 프랑스에서는 피랄렌느, 독일에서는 클로펜이라는 상표를 부착하여 변압기의 절연유로 사용되는 PCB를 판매했고, 1980년에 사용이 금지될 때까지 그 유해성을 감쪽같이 은폐했다. 또 몬산토는 미군이 베트남전에서 '에이전트 오렌지'라는 이름으로 사용된 고엽제의 주성분이며 다이옥신이 함유된 제초제 2,4,5-T를 판매하면서도 조작된 연구 자료를 통해 교묘하게 독성을 부인했다. 또한 무해성이 입증되지 않은 인공감미료인 아스파탐, 우유 생산을 가능하게 하는 rBGH를 생산했다. 현재 유럽 국가들은 소뿐 아니라 사람에게도 해가 될 수 있다는 이유로 rBGH 사용을 금지하고 있다.

몬산토는 농민들에게 종자와 제초제를 파는 것뿐만 아니라, 인수한 클라이미트 코퍼레이션 같은 기업들을 통해 농업을 위해 필요한 기후 및 토양 정보의 빅데이터까지 판매하고 있다. 문제는 어느 한 시장을 지배하는 독점 기업이 오직 이윤 추구에만 빅데이터를 활용할 수 있다는 점이다. 빅데이터를 위한 데이터들은 인류 전체에게서 얻는 것인데, 특정 기업의 이윤만을 위해 쓰인다면 언젠가 반인륜적인 문제가 생길 수도 있기 때문에 예의주시해야 할 부분이다.

빅데이터 사업을 하려면 크게 세 가지가 필요하다. 첫째는, 클라우드 컴퓨팅과 서버에 관련된 하드웨어 부분으로, 데이터센터 설립이 이에 해당된다. 둘째는, 데이터 저장과 처리를 위한, 분산 컴퓨팅과 가상 머신 등의 소프트웨어로, 구글의 하둡Hadoop• 기술이 이에 속한다. 셋째는, 수집된 빅데이터에 모델을 적용해 '유의미한 결과 값'을 만들어 내는 컨설팅 부분이다. 돌산에서 금광을 캐내듯 막대하고 무의미한 데이터 속에서 가치와 의미를 뽑아내, 결과를 제시하는 작업이 바로 데이터 마이닝data mining이다.

데이터 마이닝도 컴퓨터 모델링과 분석 프로그램이 필수이지만 그 모델과 분석 시나리오를 설계하는 것은 어디까지나 인간의 몫이다. 신뢰성 있는 데이터의 수집과 결과의 품질을 좌우하는 것은 어디까지나 인간의 판단이라는 것이다. 이것이 빅데이터가 가져올 수 있는 세 번째 문제이다. 빅데이터는 가장 객관적인 결과를 뽑아내기 위해 시행하는 것이고, 그것이 가능하다는 믿음 위에서 작업하는 것이지만 인간의 오류와 무성의, 심지어는 불순한 목적이 개입될 여지가 여전한 것이다. 프리드리히 니체의 『선악을

• 저가 서버와 하드디스크를 이용해 빅데이터를 비교적 쉽게 처리할 수 있는 오픈소스 시스템

넘어서』(청하, 1982)를 보면 이런 구절이 나온다.

> 오늘날의 독자는 한 페이지에 수록된 개개의 낱말을 다 읽지 않는다. 이십 개가량의 낱말이 있다면 그는 그중에서 적당히 다섯 낱말 정도를 골라내어, 이 다섯 낱말에 포함되어 있음직한 의미를 '추측한다.' … 이처럼 우리는 어떤 것을 관찰하든 '꾸며 내지' 않는 경우는 거의 없다. … 듣기 좋게 얘기한다면 우리는 우리가 생각하는 것 이상으로 예술가적인 기질을 갖고 있다.

빅데이터가 일으킬 수 있는 문제에 대한 근원적인 대책은, 우리가 빅데이터 시스템을 끌 수 있는 '전원 장치'를 가져야 한다는 것이다. 이는 기업에 대한 강력한 규제의 마련을 의미할 수도 있다.

그리스신화에는 청동 거인 '탈로스' 이야기가 나온다. 제우스는 크레타 섬의 왕인 마노스에게 청동으로 만든 탈로스를 선물했다. 인간을 본따 만들어진 탈로스는 오늘날의 로봇 같은 것으로 섬의 경비 임무를 맡았다. 허락 없이 섬에 착륙하려는 이방인이 있으면 제 몸을 붉게 달구어 껴안아 죽였다. 천하무적처럼 보이는 탈로스였지만 그를 죽이는 유일한 방법이 있었다. 탈로스는 머리에서 발뒤꿈치까지 연결된 혈관을 갖고 있었는데, 발뒤꿈치의 청동 못을

뽑으면 숨을 거두게끔 만들어져 있었다. 나중에 인간이 빅데이터에 대항하기 위해서는 이런 장치가 필요할지도 모른다.

또 하나, 인간은 빅데이터에 근거해 우리 삶을 움켜쥐려는 서비스에 절대적인 신뢰를 보내서는 안 된다. 즉, 빅데이터의 오류 가능성에 대해 늘 의식적으로 생각하고 있어야 한다. 영국 소설가 더글래서 애덤스의 공상과학소설 『은하수를 여행하는 히치하이커를 위한 안내서』(책세상, 2010년)를 보면 아래의 단락이 나온다.

"칠만 오천 세대 전에 우리 선조들이 이 프로그램('깊은 생각')을 작동시켰지. 그리고 그 모든 세월이 흐른 후에 우리가 처음으로 컴퓨터의 육성을 듣게 되는 거야." …

"정말 한 가지 해답이 있나? 그 모든 것들에 대해서? 삶, 우주, 그리고 모든 것에 대한 그 엄청난 질문에 대해서?"

"정말 한 가지 대답이 있습니다." '깊은 생각'이 확인해 주었다.

"그러면 이제 그 답을 말할 준비가 됐나?"

"그렇습니다. 하지만 제가 보기에, 여러분은 그 답을 좋아하실 것 같지는 않습니다."

"상관없어. 우리는 당장 알아야겠어." 컴퓨터('깊은 생각')는 침묵에 빠져 들었다. 견디기 힘들 정도의 긴장감이 흘렀다.

"위대한 질문에 대한 해답은 … 삶, 우주, 그리고 모든 것에 대한 해답은 … 42입니다." 무지무지하게 엄숙하고 침착하게 '깊은 생각'은 말했다.

빅데이터 서비스를 제공하는 주체가 선의를 갖고 있다는 생각, 그 결과가 절대 정답이라는 생각만 갖고 있지 않아도, 우리는 많은 것들에 대비를 할 수 있을 것이다.

4

큐레이션 서비스와 종교개혁

큐레이션은 주로 미술관, 박물관 등의 소장 작품의 컬렉션 목록 관리, 해석 및 전시, 전파 활동을 통칭하는 의미로 사용되어 왔다. 유명한 큐레이터 월터 홉스(Walter Hopps, 1932~2005)는 큐레이터를 오케스트라의 지휘자 같은 존재라고 했다. 지휘자는 연주자들의 개별 호흡뿐 아니라 전체의 조화를 고려하면서 이끄는 존재이다. 좋은 지휘자가 되기 위해선, 즉 미술가의 작품에 대한 좋은 큐레이팅이 가능하려면, 미술가의 작품에 대한 지식과 이해를 폭넓고 예민하게 갖춰야 한다. 즉, 큐레이터는 그 자체로 권위자라는 의미를 내포하며, 그러한 권위를 내세울 만한 지식과 감각은 필수적이다.

최근 들어, 큐레이터의 의미는 미술 영역을 넘어 보다 광범위하게 쓰이고 있다. IT 서비스에서도 큐레이션을 표방한 다양한 서비스들이 등장하고 있다. 구글 CEO 에릭 슈미트는 2010년 테크노미 컨퍼런스Technomy Conference에서 "인류 문명이 시작된 이래 2003년까지 만들어진 데이터 양은 통틀어 5엑사바이트EB에 불과한데, 지금은 이틀마다 그만큼의 데이터가 새로 추가되고, 이 속도는 점점 빨라지고 있다"고 말했다. 그의 말처럼 정보의 양이 많아지는 것은 말할 필요도 없고, 정보를 검색하고 볼 수 있는 플랫폼들도 도저히 다 이용할 수 없을 정도로 많아지고 있다.

이런 상황에서 등장한 것이 큐레이션 서비스들이다. 대표적인 몇 개를 살펴보면 핀터레스트Pinterest, 쿼라Quora, 서미파이Summify, 플립보드Flipboard, 컨택추얼리Contactually가 있다. 핀터레스트는 특정 주제별로 이미지를 공유하는 서비스이다. 자신이 관심 있는 주제나 사람이 새로 이미지를 등록하면 계속 공유 상태를 유지할 수 있다. 서미파이는 페이스북, 트위터, 구글 리더 등의 계정에서 나오는 피드feed를 수집한 뒤 이용자가 관심 있는 주제를 분석한 다음, 그에 해당하는 뉴스만을 정리해 이메일로 보내 주는 서비스다. 플립보드와 컨택추얼리도 서미파이와 비슷하다. 핀터레스트와 쿼라는 취향이 비슷한 사람들의 선택을 바탕으로 정보를 필터링해 제공하는 방식이고, 서미파이, 플립보드, 컨택추얼리는 미리 만들어진 논리에 따라 정보를 체로 한 번 거른 다음 전달하는 방식이다.

향후, 큐레이션 서비스들의 가장 큰 난관은 이런 큐레이션 서비스들이 점점 많아질 것이란 점이다. 단순히 경쟁자들이 늘어난다는 문제가 아니라, 큐레이션 서비스가 출현하게 된 배경과 큐레이션 서비스의 끝없는 '출몰'은 서로 모순되기 때문이다.

비단 IT 서비스뿐 아니라, 새로 나온 상품이나 서비스는 이용자들의 일상에 녹아들 때까지 많은 난관을 거쳐야 하고, 대부분은 그 전에 실패를 선언한다. 이용자는 새로운 서비스의 가치를 모를 수도 있고, 안다고 해도 사용법이 익숙하지 않거나 새로 익히기가 귀찮아서 사용하지 않는다. 그래서 모든 서비스는 장기 프로젝트이며 끝없는 마케팅과 영업이 필요한 것이다.

사실, 큐레이션은 유사 이래 계속 존재했다. 크게 보면, 큐레이션은 대중이 권위자에게 의견, 나아가 판단을 위탁한다는 것으로도 볼 수 있기 때문이다. 민주주의란 정치체계도 큐레이션으로 설명이 가능하며, 포털에서 먼저 노출되는 뉴스나 검색어도 큐레이션의 일종이다. 방송 편성, 신문사의 데스크도 큐레이터임은 물론이다.

큐레이션을 철학적 개념으로 본다면 추상抽象이다. 추상의 뜻은 삼라만상에서 특정한 것들을 추출해 낸다는 의미이다. 즉, 뭔가를 정확하게 설명하거나 표현하기 위해 다른 것들은 버린다는 뜻이다. 철학에서는 이를 사상捨象이라고 한다. 큐레이션 역시 일종의 필터링으로 방대한 데이터에서 관련성, 유의미성, 필요성 등을 조건으로 인포메이션을 만들어 내는 과정이다.

큐레이션의 과정에서 중요한 것은 데이터 추상화 작업을 '누가' 맡는가이다. 큐레이터는 데이터를 필터링하기 위해 데이터를 해석한다. 즉, 필터링 규칙을 만드는 것이다. 이때의 '해석'이란 인간이라면 누구나 갖고 있는 선입견을 인정하고, 그 선입견의 지평 위에서 만물을 보자는 것이다. 물론 이 선입견이란 한 개인의 주관적인 판단을 말하는 것이 아니라, 뉴턴의 "나의 업적은 내가 거인의 어깨 위에 올라가 있었기에 나올 수 있었다"란 말과 동일한 맥락으로 이해하면 된다.

큐레이션은 권위를 가진 누군가가 무엇에 대해 해석하고 제시하는 것으로 철학의 해석학과 본질적으로 같다. 해석학은 성서를 해석하는 것에서 본격적으로 시작됐다. 실제로, '완전한 성경 원본'은 찾을 수 없다. 현재 쓰이는 『불가타 성서』 역시 트리엔트 공의회에서 승인된 하나의 판본일 뿐이다. 종교개혁가 루터는 많은 악폐들을 개혁하기 위해 성경으로 돌아가자고 외치기도 했지만, 판본 문제만으로 봤을 때는 우리가 기억하는 모든 성서는 누군가에 의해 해석된 다른 버전일 뿐이다. 성경은 하느님 또는 예수의 말씀을 어떤 인간의 기준에 따라 어떤 것은 강조되고 어떤 것은 버려지면서 '해석'된 것이다(불경 역시 그렇다). 이렇듯 뭔가를 해석한다는 근간에는 역사와 개인적인 특수성이 개입된다.

최근 IT에서 등장한 큐레이션 서비스들의 차별적인 특징은 크라우드 큐레이션crowd curation이란 점이다. 예전에는 한 명 내지 소수의 권위자들이 해석하고 판단한 결과를 대중들에게 공유했다면, 이제는 해석의 단계에서부터 대중이 적극 개입하는 구조다. 이것이 가능해진 것은 당연히 IT의 발전 또는 모바일의 보편화로 가능하게 된 SNS 빅데이터 때문이다. 정치의 근대화는 1~200년 전에 시작됐지만, 큐레이션의 근대화가 시작된 것은 불과 몇 년밖에 되지 않았다.

여기서 근대화의 시작은 곧 개인에 대한 존중이 시작되었음을 의미한다. 중세 전에는 개인성에 대한 개념이 아주 희박했다. 왕족이나 귀족이 아니면 개인에 대한 개념 자체가 존재하지 않았다고도 말할 수 있다. 그러다 중세가 되면서 모든 권위는 신에게 넘어갔다. 근대로 가까워지면서 신의 권위는 점점 약해졌고, 범신론에 이어 무신론까지 팽배하게 됐다. 프랑스 합리주의 철학자인 데카르트는 창조주로서의 신의 역할은 인정했지만, 세계의 모든 것을 주재하는 관리자로서의 신에 대해서는 인정하지 않았다. 데카르트의 사유를 일부 수용한 임마누엘 칸트 역시 종교를 인간 이성의 한계 내에서만 인정했다. 그러한 칸트의 생각을 일부 수렴한 헤겔은 인간의 사유와 철학을 종교 위에 두기도 했다. 그러다 헤겔과 마르크스 사이에 있는 포이어바흐는 신을 오히려 인간의 창조물로 보았고, 니체에 와서는 "신은 죽었다"고 말하기까지 했다.

존 듀이는 권위란 외부에서 일방적이고 폭력적이며 억압적으로 작용하는 것이 아니라, 개인들의 자유로운 사고와 탐구를 바탕으로 만들어진 일종의 공동 지성이라고 했다. 현재 IT 큐레이션 서비스들을 공증하는 듯한 언급이다. 하지만 위에서 지시하는 방식이 아닌 밑으로부터 생겨나는 지식 생산 방식이 무조건 옳다고는 할 수 없다.

미셸 푸코는 근대화를 꾀한 지식인들이 권력에 저항해왔다는 계몽주의적 논리는 허상이라고 말했다. 그는 지식과 권력이 적대 관계가 아닌, 동반자였다고 말했다. 둘 다 인간 안에 내재된 본능으로서 이성으로 제거될 수 있는 것이 아니라는 것이다. 즉, 우리가 SNS상에서 한 개인으로서 무언가를 선택할 때 우리의 의식과 무의식은 권력 또는 권위에 어느 정도 물든 상태인 것이다. 가령, 패션 사진이 유독 활성화된 핀터레스트에서 특정한 패션 아이템을 고를 때, 우리는 전혀 유행에 신경 쓰고 있지 않다고 할 수 있을까? 그 유행은 세계적인 패션가들이 매년 그들의 권위를 바탕으로 만들어 내는 것이다.

사진 기반의 큐레이션 SNS 서비스인 핀터레스트가 성공할 수 있었던 이유 중 하나는, 사진으로만 구성된 서비스이기 때문이다. 말은 논리와 이성의 영역으로 거짓이 개입될 여지가 많다. 논리적으로 완전히 잘못된 이론은 찾기 힘들다. 나치즘의 논리도 그 논리로만 보면 틀렸다고 하기 힘들 정도다.

하지만 사진의 경우는 텍스트를 읽는 것보다 개인의 직관과 감성의 영역이 크게 개입돼 권력적 권위에 노출될 여지가 상대적으로 적다. 핀터레스트의 이용자들은 다른 SNS에서보다 그런 면에서 자유를 느낀다. 훈수가 없기 때문이다. 또한 자신의 취향과 관련해 눈치를 볼 필요도 없다. 기본적으로 페이스북에서처럼 뉴스피드 기능이 없어 타인에게 자신의 취향이 공유되지 않기 때문이다. 이 점이 핀터레스트가 큐레이션 서비스에서 종교개혁과 같은 시발

점이 될 수 있는 이유다.

큐레이션 서비스들은 해석학의 권위자인 한스 게오르그 가다머의 말에 귀를 기울일 필요가 있다. 그는 저서 『진리와 방법』(문학동네, 2007년)에서 '놀이'에 대한 개념을 몇 가지로 제시했다. 요약을 하면 다음과 같다.

놀이의 첫 번째 특성은 규칙이 존재하는 것이다. 정확히 말하면, 사람들은 놀이에 몰두하는 것이 아니라 놀이의 규칙에 몰두한다. 놀이의 두 번째 특성은 놀이에 참여하는 사람은 진지해야 한다는 것이다. 놀이터 바깥에서 봤을 때 아무리 유치한 놀이라고 해도 놀이하는 사람들은 진지한 것이며, 진지하지 않은 사람은 놀이를 망치는 것이다. 세 번째 특성은 놀이는 놀이터에서 이루어진다는 것이다. 즉, 바깥과 구별되는 놀이터의 경계가 있다. 네 번째 특성으로는 근본적으로 모든 놀이는 다른 사람들과 왕복하기 위한 것이다.

향후 큐레이션 서비스의 성공 여부는 해당 플랫폼을 얼마나 '놀이터'로 만드냐에 달려 있다. 놀이터(플랫폼)를 잘 보존하며, 해석학적 권위를 키우고 싶은, 또 권위가 싫은 모든 개인들에게, 동시에 모욕감과 배신감을 주지 않도록 서비스를 운영해야 한다는 것이다.

5

음악을 '공유'하는 것이 가능할까

누군가 이어폰을 귀에 꽂고 있는 것을 보면, 저 사람은 자신만의 세계에 빠져 있다고 생각하게 된다. 한 마디라도 붙이려면, 이어폰을 빼달라고 말해야 하는데 왠지 그것은 잠에서 깨우는 것보다 더 곤혹스럽게 느껴진다.

콘서트는 홀로 음악을 듣는 것이 아니라, 하나의 노래를 여러 다른 이들과 함께 듣는 것이다. 가령, 가장 성공한 콘서트는 관중들이 저마다 이어폰을 끼고 홀로 음악을 듣고 있다는 기분이 들게 하는 것이다. 그래야 온전히 깊은 감정 속으로 빠져들 수 있다. 자기감정 속으로 빠져들고 있는데, 타인의 시선이 의식되면 감정은 줄이 끊어진 연처럼 날아가 버린다.

가수들은 흔히 음악을 대중과의 교감이라고 하지만 그들의 역할은 최선을 다해 노래를 부르는 것이다. 절대적 시간에 따라 흘러가는 음악을 듣는 사람의 내면에는, 구불구불한 골목길에 맞춰 상대적인 시간이 흘러가고 있다. 그렇지 않다면, 개인적인 감동이 찾아오지 않을 것이다.

음악을 듣는다는 것은 선택의 과정인 동시에 소개의 과정이기도 하다. 어떤 음악을 통해 충만한 시간을 가진 사람은 그 음악을 공유하고 싶어 한다. 자신의 놀라운 느낌이 전달되기를 바라는 것이다. SNS상에 좋은 음악을 소개하는 것처럼 행동하지만 실은 자신의 넘치는 '감정'을 공유하고 싶은 것이다. 더 정확히 하면, 공유하기를 원하는 것이 아니라 '공유되기를' 원한다. 자신의 과거, 즉 자신이란 존재를 인정받고 싶고, 또 그런 공유를 통해 존재의 부담을 분산시키고 싶어 한다.

하지만 안타까운 것은 좋은 음악을 공유했을 때 사람들의 반응이 대개 떨떠름하다는 것이다. 설령, 공유받은 사람이 평소 그 곡을 좋아한다 해도 지금은 그런 느낌을 받을 때가 아니라면? 음악은 X축이란 과거와 Y축이란 현재의 시간 사이에서 뻗어 나가는 그래프이고, 세상에는 그런 그래프가 사람 수만큼이나 존재한다. 그래프가 만나는 교차점이 생길 때도 있지만, 어쩌다 한 번씩이다. 콘서트장에서 그나마 교점들이 많이 생기는 것은 적어도 현재의 시간에 청중 모두의 감정이 일치하기 때문이다.

스피노자는 자신이 행복해지기 위해 타자를 기쁘게 하는 것이기 때문에 사랑에는 이기적인 의미도 있다고 했지만, 사실 자신이 좋아하는 음악을 공유하는 것은 반강제적인 의미가 더 크다. 즉, 음악을 공유하려는 것은 타인을 기쁘게 하기 위함이 아니기 때문에, '이기적인 사랑'에도 들어가지 않는다. 그것은 자신의 사랑에 대한 확인일 뿐이다.

2013년 9월 25일에 출시된 카카오뮤직은, 국내 1위 모바일 메신저 사업자인 카카오와 국내 최대 음원 보유사인 벅스뮤직(300만 곡 보유)을 운영하는 네오위즈인터넷이 합작해 만들어졌다. 카카오는 카카오톡과 카카오스토리의 가입자를 제공하는 한편 홍보를 맡고, 네오위즈인터넷은 음원 계약 및 애플리케이션 운영을 담당한다. 적절한 업무 배분이라 할 수 있다.

카카오뮤직을 한마디로 정의하면 SNS 음악 서비스이다. 카카오뮤직은 벅스뮤직에서 구매한 음원으로 자신의 음악 취향에 따라 마이룸을 만들고, 카카오 친구들은 친구의 마이룸을 방문해 공유된 음악을 들으며 댓글을 남길 수 있다. 처음부터 벅스뮤직과 합작해 시작된 서비스이기 때문에, 다른 음원 유통회사에서 구입한 음원들은 마이룸에서 공유할 수 없다.

또한 인터넷이 접속된 환경에서만 이용할 수 있고 다운로드는 할 수 없다. 물론, 마이룸에 방문한 친구들은 자신의 친구가 구매한 음원을 무료로 반복해 들을 수 있다. 이런 점 때문에 싸이월드의 배경음악과 비슷하다고 할 수도 있지만, 다른 점은 싸이월드는 배경음악이었다면 카카오뮤직에서의 음악은 전면에 등장하는 콘텐츠라는 것이다.

카카오뮤직은 한국에서 월정액 방식의 스트리밍 서비스 외에는 성공하기 힘들다는 정론을 부수며, 나름대로 순항 중이다. 2014년 상반기까지 월간 순 이용자MAU 기준으로, 카카오뮤직은 절대 1위인 멜론의 뒤를 이어 2위를 기록하고 있다. 출시 1년 만에 앱 다운로드 건수도 1,500만 건을 돌파했다. 친구의 뮤직룸에 들어가기 위해서는 친구 역시 앱을 설치해야 하는 이유도 있다.

카카오뮤직이 가는 길은 다른 음원 서비스들과 다르다. 일단, 카카오뮤직은 모바일 인프라의 완성으로 음원 서비스의 대세가 된 스트리밍 방식이 아니다. 반면 전 세계에 약 1천만 명의 가입자(유료 가입자 약 2백만 명)를 갖고 있는 스포티파이Spotify는 스트리밍 방식이다. 또 2013년 5월에 정식 출시한 디스커버Discover는 이용자가 선호할 것 같은 음원을 추천해 주는 서비스다. 유료 다운로드 방식을 고집하던 애플도 스포티파이와 판도라의 위협 속에서, 스트리밍 방식인 아이라디오IRadio를 내놓았다. 거기에 더해 트렌드 분석 능력을 갖춘 세메트릭 사를 5천만 달러에 인수하기도 했다. 애플은 아이라디오 다음에 자체 음원 스트리밍 서비스를 준비 중인 것이다. 구글도 구글 플레이 뮤직 올 엑세스Google Play Music All Access를 발표하며, 스트리밍 음원 시장에 진입했다.

카카오뮤직은 월정액 스트리밍 방식이 아닌 건당 음원 구매 방식(600원)이며, 개인 큐레이션 서비스도 제공하지 않는다. 다만 친구의 뮤직룸에 방문해서 디제이 역할을 할 수 있는 것이다. 실제로, 카카오뮤직은 가수들과 제휴해 그들의 뮤직룸을 열기도 하고, 오프라인 미팅과 콘서트 개최까지 확장하고 있다. 카카오뮤직은 음악다방과 콘서트를 지향하는 서비스인 것이다.

하지만 위에서 말한 대로 음악 감상이란 것은 지극히 개인적인 영역이고, 결코 그 영역을 벗어날 수 없다. 다른 말로 하면 음악 감상은 본질적으로 SNS화될 수 없다는 것인데, 카카오뮤직이 이렇게 SNS와 음악 감상을 합치려는 것이다. 싸이월드의 경우에는 음악이 배경음악의 하나로, SNS에서 자신을 표현하는 기능 중 하나였기 때문에 충돌의 여지가 적었다. 하지만 카카오뮤직은 어디까지나 음악으로 승부해야 한다.

콘서트장의 역사를 보면, 가장 문제가 된 것은 음향이었다. 노래가 무대 위에서 제대로 연주되었다고 해도, 그 노래가 관객석으로 제대로 전달되지 않는다면 말짱 도루묵이기 때문이다. 이어폰이 나오기 전에 음악은 함께 들을 수밖에 없는 콘텐츠였다. 왕족이나 귀족의 경우에는 개인 악사를 둘 수 있었다. 요한 세바스찬 바흐의 대표곡 중 하나인 「골드베르크 변주곡」은 골드베르크 백작의 불면증을 달래기 위해 작곡했고, 연주자가 밤마다 옆방에서 하프시코드로 그 곡을 연주했다는 것은 유명한 일화다. 민중의 입장에선 함께 들을 수 있는 콘서트가 열린다 해도 갈 엄두를 내지 못했다. 민중들은 음악을 직접 연주하고 그 자리에서 바로 들을 수밖에 없었다.

고대 그리스에서는 관객들에게 감동을 주기 위해 좌석 사이마다 음을 공명하는 병을 설치하기도 했다. 소리를 크게 울리게 할 뿐만 아니라 화음도 가능했기 때문이다. 좌석과 무대 사이에는 오케스트라를 두어 소리가 수평반사되게 하는 한편, 무대 좌석은 경사를 급하게 만들어 음들의 진행을 도왔다. 또 배우들이 쓰는 가면의 입 부분을 메가폰 형태로 만들어 소리가 멀리까지 퍼지게 했다. 교회가 높은 천장을 가진 이유 중 하나는 음악이 연주될 때, 잔향 시간을 늘려 화성적으로 들리게 하기 위해서였다.

대중을 위한 콘서트장이 설립된 17세기 후반부터, 음향에 대한 고민은 더욱 깊어졌다. 콘서트장에 보이는 발코니와 울퉁불퉁한 벽과 천장의 다양한 장식들은 모두 소리를 골고루 퍼뜨리기 위해 설계된 것들이다. 뉴욕 필하모닉 오케스트라의 전용 콘서트장을 설계할 때도, 당대 최고의 음향학자였던 베라넥Beranek이 투입되었다. 베라넥은 천장에 많은 노력을 쏟아 부었다. 구름이라 불렸던 반향판을 천장에 설치해 콘서트장의 벽들이 담당하던 역할을 맡게 했다. 하지만 그의 노력은 대실패로 끝났고 10년 동안 수정을 거친 후에 그 구름들은 끝내 모두 철거되었다. 반향판은 저역대의 음을 제대로 반사하지 못했고, 반향판이 잡아먹은 공간 때문에 소리가 울리는 공간도 그만큼 줄어들 수밖에 없었던 것이다.

콘서트장의 음향을 개선하기 위해, 수백 년간 많은 노력을 쏟아부었고, 그 노력은 지금도 진행 중이다. 반면 카카오뮤직이 콘서트를 지향하기 위해 하는 노력은, 음악을 함께 들으며 친구와 대화하는 기능 정도이다. 지극히 개인적인 영역에 속하는 음악을 함께 듣게 하고 공감을 불러일으키겠다는 것, 그것도 콘서트장이 아닌 스마트폰에서 이어폰으로 이루겠다는 것, 그것이 과연 가능한 목표일까?

6

공유경제는 고도화된 자본주의

마하트마 간디는 초기 자본주의부터 이어져 오던 대량 생산과 다른, 대중들이 소비만 하는 것이 아니라 직접 생산까지 하는 공유경제의 가능성에 대해 언급한 적이 있었다. 현재 대표적인 공유경제 서비스로 꼽히는 것들은 카셰어링Car Sharing인 우버Uber, P2P 숙박 서비스인 에어비앤비Airbnb와 한국의 비앤비히어로BnBHero와 코자자, 여성용 의류와 구두, 핸드백 등과 아동용 상품을 공유하는 스레드업Thredup, 의류를 포함해 아동용 상품을 공유하는 서비스인 한국의 키플Kipe, 취업 준비생에게 정장을 공유해 주는 열린옷장, 회원끼리 명품가방을 대여해 주는 코럭스, 톱이나 전동 해머 등의 일반 도구뿐 아니라 3D 프린터, 레이저 절삭기, 3D 설계 소프트웨어 등 대형 제조업체에서 사용하는 전문 장비까지 대여하는 테크샵TechShop, 산업기계 제작 방법을 오픈소스로 공유하는 오픈소스 에콜로지Open Source Ecology, 장난감을 공유하는 베이비플레이즈BabyPlays, 넥타이를 공유하는 타이소사이어티Tiesociety, 자전거를 공유하는 LOCK8, 개인의 여행 경험을 공유하는 마이리얼트립Myrealtrip, 대부의 방식으로 자금을 공유하는 영국의 조파와 한국의 8퍼센트 등 무수히 많다.

그런데 최근에 대표적인 공유경제 서비스로 꼽히던 우버는 한국에서 퇴출됐다. 정확히 말하면, 택시기사까지 알선해 주는 우버X란 서비스만 퇴출되고 콜택시 비즈니스는 살아남았다. 퇴출된 이유는 표면상으로는 여객자동차운수사업법, 위치정보법 등의 법령 위반 및 세금 문제였지만, 근본적으로는 기존의 택시 산업군과의 마찰 때문이다. 우버의 서비스가 성공 가도를 달릴수록, 택시기사들이 일자리를 잃기 때문이다. 사실, 우버처럼 공유경제를 표방하는 대부분의 서비스들은 기존 산업구조에서 중간 유통 내지 기존 플랫폼을 대체하면서, 수수료를 받는 모델이다. 과연, 이것이 진정한 공유경제일까?

가령 영국의 자연 · 사적 보호단체 내셔널트러스트National Trust는 영국 국토의 1%, 해안선의 17%를 소유하고 있다. 이 단체를 만든 사람은 옥타비아 힐(1840~1912)이란 주거 개선 사업에 앞장섰던 사회운동가였다. 그녀는 한평생 빈민들의 주거 환경 개선을 위해 일했다. 현재도 내셔널트러스트는 옥타비아 힐의 정신을 계승하고 있다. 이러한 내셔널트러스트와 비교했을 때 에어비앤비는 공유경제라 할 수 있을까?

공유경제는 한 번 생산된 제품을 여럿이 공유해 쓰는 협업 소비를 기본으로 하는 개념이다. 공유경제는 기존의 자본주의와 다른 점이 많다. 자본주의는 생산과 소비의 두 축으로 굴러가는 데 비해, 공유경제는 이미 생산된 제품을 협력적으로 소비하자는 것이기 때문이다. 공유경제의 개념은 자본주의 전부터 존재했지만 자본주의가 등장한 이후에는 기억에서 사라졌다. 제러미 리프킨은 유럽 중세 시대가 끝나갈 무렵 일어났던 인클로저 운동으로부터 공유경제가 사라지기 시작했다고 보고 있다. 인클로저 운동은 개방 경작지와 공유지, 황무지 등에 울타리나 담을 둘러치고 사유지임을 명시하는 것이다.

페터 코슬로브스키가 쓴 『자본주의 윤리학』(철학과현실사, 1999년)을 보면, 자본주의 이전의 경제 개념은 지금과는 달랐다. 경제학은 가정의 규칙과 관리를 뜻하는 그리스어 오이코노미아oikonomia에서 기원했다. 그리스 스토아 철학은 우주를 신의 목적으로 정리된 총체, 즉 신이 만든 커다란 가계로 보았다. 경제학은 신이 중심에서 세계를 관리하는 경영 지식과도 같았다.

반면 자본주의의 영리 추구는 최대의 이윤을 얻기 위해 어떻게 재화를 교환해야 하는가에 몰두하는 만큼 가계를 돌보는 일에는 그리 신경을 쓰지 않는다.

중세 학설에 따르면, 계약에 의해 교환되는 재화는 동등한 가치를 지녀야 한다. 쌍방 간의 이득도 균형을 이루어야 한다. 심지어 아리스토텔레스는 무조건적인 이윤 추구는 자연 법칙에 어긋난다고 했다. 또 아리스토텔레스의 철학에 큰 영향을 받은 중세 철학자들은 계약자의 사회적 지위와 가난함도 계약에 참작되어야 한다고 했다. 하지만 자본주의에서는 계약의 공정성에 대해서는 더 이상 문제 삼지 않고, 개인 간에 자유롭게 성립된 계약은 모두 정당한 것으로 본다.

자본주의는 개인주의와 자유주의의 이념과 함께 발전했다. 주체성과 개인의 선택권 보장은 사물에 대한 소유권을 다시 개인에게로 돌렸다. 자본주의는 이윤 추구를 인간의 정당한 동기로 보고 또 경제 활동의 원동력으로 규정했다. 자본주의에서 이윤 추구는 도덕적 중립 지역에 속해 있다. 신분보다 계약이 중요해졌고, 선천적으로 귀속되던 권위는 생후 만들어야 할 업적에 고개를 숙였다.

물론 자본주의도 많은 굴곡을 지나왔다. 대공황이 있기 전인 1920년대까지는 애덤 스미스의 자유방임 자본주의가 시대정신이었다. 대공황과 러시아 혁명을 거친 후에는 경제 위기에 대해 정부가 적극적으로 개입했고, 이후 1980년대에 영국의 대처 정부와 미국의 레이건 정부는 신자유주의를 탄생시켰다. 이후에, 임금노동자의 실질임금은 계속 떨어졌고 기술의 발전은 일부에게만 엄청난 부를 가져다주었다. 결국, 2008년에 금융 대위기가 찾아왔다.

모든 금융 상품은 시간을 토대로 만들어진다. 스콜라 철학은 이자는 모든 사람이 가지고 있는 공공재인 시간을 사취한 대금이기 때문에 도덕적으로 금지한다고 가르친다. 또한 시간은 신이 모든 사람에게 똑같이 나누어 준 공유 자산인데, 사채업자는 시간을 가격으로 보아 이웃사람을 속이는 것이라고 했다.

전통적인 경제학은 한 사회가 희소자원을 어떻게 관리하는가를 연구하는 학문이었다. 여기에는 개인들의 분산된 의사결정이 최적의 자원 배분을 이끌어 낼 것이라는 전제가 있었다. 존 스타인벡의 『분노의 포도』(민음사, 2008년)란 소설을 보면 한 농장의 지주가 산더미처럼 쌓인 오렌지에 석유를 뿌려 불태우는 장면이 나온다. 타산이 맞지 않왔기 때문인데, 어느 한편에서는 배를 곯고 있는 농부와 자녀들이 있었다.

20세기 이전의 소비는 검소함과 절약의 모습이었지만, 20세기의 소비는 신용과 부채의 얼굴을 하고 있다. 보다 쉽게 소비를 부추기기 위해 할부와 신용제도가 만들어졌고, 돈에 의한 돈의 인플레이션인 금융 상품이 발명됐다. 그리고 개인주의를 한층 강화시켜 인식 전환을 일으켰으며 '소비 자아'까지 만들기에 이르렀다. 소비에 의해 만들어진 자아는 자본주의적 자아이며, 개성을 표방하지만 전혀 개성적이지 못하다. 그런 개성들은 자유롭게 벌판 위에서 뛰어 놀지 못하고, 기껏해야 소비력에 의해 서열화되어 있다. 더 나아가 명품 표시를 드러내는 것도 감추는 것도 모두, 자본주의와 긴밀하게 연관되어 있다.

반면 공유경제는 생산된 재화를 어떻게 소비할 것인가가 아니라 어떻게 하면 협력적인 소비를 통해 현재 있는 자원을 최적으로 배분할 것인가의 문제를 다룬다. 자본주의가 대량 생산과 대량 마케팅, 대량 소비로 성장했다면 공유경제는 물건, 설비, 서비스 등을 개인이 소유하지 않고 필요한 만큼 빌려 쓰고, 자신이 필요 없는 것은 공유하는 것이다. 이러한 공유경제는 금융 위기에서 비롯된 경기 침체와 더 나아가 한계에 도달한 자본주의에 대한 의구심으로부터 비롯됐다.

마르크스는 '실질적인 부의 창조는 과학의 일반적인 발전과 기술 혁신에 의존한다'고 말했다. 마르크스는 그렇게 창조된 실질적인 부(잉여가치)가 소수에 의해 독점되고, 그 결과 혁명이 일어난다고 했지만, 리프킨의 경우는 『한계비용 제로사회』(민음사, 2014)에서 사물인터넷이 공유경제 회복을 위한 최고의 기술적 인프라가 될 것이라고 했다.

기술의 발전이 우리 모두에게 번영을 가져다줄 것이란 의견은 꽤 있었다. 다니엘 벨은 과학기술의 발전이 서비스 경제로의 이행, 육체노동에 대한 기술 노동의 우위, 평가와 예측 능력의 증대를 통해 중간 계층이 늘어날 것으로 내다봤다. 하지만 결과는 그 반대였다.

토플러는 지식이 경제를 움직이고, 하드웨어보다 소프트웨어가 중요해질 것이라고 예견했다. 또 사용해도 고갈되지 않는 정보는 더 널리 분배될수록 자신의 가치를 더 많이 증식시킬 것이라고 내다봤다. 공유경제를 예견한 듯한 언급이다. 동시에, 노동할 필요가 없어 노동자 계급 역시 줄어들 것이라고 했다. 대신, 첨단산업과 정보 집약적 산업들에서 이전보다 좋은 일자리가 더 많이 생길 것이라고 했다. 하지만 현실은, 노동자 계급이 줄어드는 대신 실업자가 늘어나고 있다. 좋은 일자리가 대폭 늘어난다는 것은 참으로 막연한 전망이다.

공유경제가 실체가 되려면 공동체주의가 필요하다. 자본주의의 근간은 자유주의인데, 공동체주의는 그 반대의 개념이다. 자유주의는 독립된 개체인 자아를 상정하고, 권력과 억압에서의 완전한 해방을 목표로 한다. 자유주의의 근원에는 개인주의가 있다. 하지만 공동체주의에서의 개인은 근원적으로 독립된 것이 아니라, 공동체에 의해 형성되는 존재로 본다. 공동체주의에서는 자유주의만큼 개인을 신뢰하지 않는다. 대신 공공선을 향한 합의와 정부의 적극적인 개입을 중요시한다. 공동체주의의 근간은 자신의 존엄과 권리뿐 아니라, 타인의 권리와 존엄에 대해서도 인정한다는 것이다.

우버를 비롯한 공유경제를 표방하는 서비스들이 정말 공유경제 서비스인지는 재고할 필요가 있다. IT가 흔드는 깃발에 관심을 갖고 제대로 보지 않으면, 우리는 전혀 의도치 않은 방향으로 흘러가고 있는 우리의 비참한 삶을 목격할 수도 있다.

7

콘텐츠가 갑인 시대를 사는 법

콘텐츠에게 봄이 찾아왔다. 지금껏 콘텐츠는 플랫폼과의 경쟁에서 늘 '을'이었다. 이런 콘텐츠에게 애플과 구글 같은 OS 사업자의 등장은 마치 따뜻한 봄바람과도 같았다. 원래는 통신사들이 휴대폰에 들어갈 콘텐츠를 심사하고 통제했었지만, 스마트폰 시대가 되고 스마트폰 OS 사업자들이 자체 마켓을 열면서, 권력이 통신사에서 OS 사업자로 넘어간 것이다.

그러다 모바일 인프라가 점점 복잡해지면서 콘텐츠를 실어 줄 모바일 플랫폼들이 전면에 등장하기 시작했다. 이런 변화의 분위기를 반영한 해프닝이 2013년 12월에 있었다. 시청자들로부터 수신료를 받는 KBS는 모바일 디바이스에도 수신료를 받는 정책을 추진했다가 5년 뒤에 다시 논의하자고 한발 물러선 것이다. 시청률 조사 대상을 거실의 TV에 국한해서는 안 될 상황이다.

모바일 플랫폼이 장사가 되자 플랫폼들은 이내 범람하기 시작했고, 심지어는 큐레이션 플랫폼까지 흔해졌다. 이제는 콘텐츠와 별 관련 없어 보이던 커머스 사업자들까지도 콘텐츠 플랫폼으로 자리매김을 하기 위해 노력하고 있다. 이제는 누구나 모바일로 콘텐츠를 소비하는 시대이기 때문에, 커머스 플랫폼에서 콘텐츠까지 소비할 수 있게 하면 회원이 머무르는 시간도 늘어날 것이기 때문이다. 아마존이 대표적인 경우다.

플랫폼이 범람하기 시작하면서, 플랫폼들은 콘텐츠로 경쟁할 수밖에 없게 되었다. 모바일 이용자는 게으르기도 하지만 한번 떠나가면 다시 돌아오지 않는다. 모바일 플랫폼 사업자들은 콘텐츠 제공 사업자들과 강력한 제휴를 해야 하면서도 한편으로는 갈등 관계에 있기도 하다.

유튜브는 원래 카피레프트(Copyleft, 반저작권 운동) 정신과 '안전한 항구' 정책으로 운영되고 있었다. '안전한 항구'란 원천 콘텐츠 제공자들이 저작권 침해를 직접 요청했을 때만 해당 콘텐츠를 삭제하는 것으로, 누군가 업로드한 콘텐츠를 구글이 임의로 삭제하지 않는 것을 말한다.

하지만 유튜브가 급격히 확산되면서 독일 음악저작권 협회는 회원들의 저작권이 포함된 음악을 재생할 때 저작권료를 지불하라고 요구했다(유튜브에서 많이 재생되는 콘텐츠를 보면 대부분 음원이다). 하지만 유튜브는 다른 나라와의 형평성을 이유로 이를 거부했고, 양쪽은 지금도 수년간 공방을 진행 중이다. 아직 완전히 해결된 것은 아니지만 화해 분위기는 조성되고 있다. 유튜브는 프랑스, 이탈리아 등의 뮤지컬 제작사들과 라이선스 계약을 체결하고 구글 플레이에 550만 개의 뮤지컬 작품을 추가했다.

구글은 이렇게 콘텐츠로 인해 일어나는 갈등을 근본적으로 해소하기 위해, 2011년 11월에 '오리지널 유튜브 채널 100개 출시'란 프로젝트를 시작했다. 사실, 처음엔 콘텐츠 제작사들이 유튜브의 제안에 시큰둥한 반응이었다. 굳이 콘텐츠 유통채널이 유튜브여야 할 이유가 없었기 때문이다. 하지만 유튜브는 2억 달러를 추가로 투자하는 등 적극적인 움직임을 보였다. 유튜브는 2012년 10월에 스포츠/건강/코미디 카테고리에 오리지널 채널 60개를 제작하는 대가로 미국, 독일, 영국, 프랑스 등의 제작자에게 현금을 선지급하며 계약을 체결했고 또 유럽 외에도 인도, 브라질 등에도 제작 지원을 하고 있다.

결국, 2011년 4월 스포츠를 실시간 중계하는 유튜브라이브를 시작으로 오리지널 유튜브 채널 100개 만들기가 가시화되었다. 오리지널 채널 중의 하나인 에브리데이 헬스Everyday Health의 동영상 시리즈 중 하나는 지상파 방송사인 ABC와 판권 계약을 맺고 추가 수익도 확보했다. 또한 아시아에서는 한중일 뮤지션들의 콘서트 실황과 뮤직비디오를 볼 수 있는 에이팝A-Pop이란 채널을 개설했다. 유튜브 일본 법인은 2012년 11월에 TV방송사 및 연예기획사 등 17개 사업자들과 연합해 유튜브에 오리지널 동영상 채널을 열었다.

유튜브 플랫폼이 직접 콘텐츠 제작까지 참여하는 과정에서 부자연스러운 점은 없었다. 사람들은 유튜브에서 동영상이나 음원 콘텐츠를 원래부터 소비하고 있었고, 유튜브는 다만 그 콘텐츠들 중 일부를 직접 투자하거나 제작해 업로드했을 뿐이다. 사람들이 보고 싶어 하는 콘텐츠를 거대 제작자들이 자꾸 삭제해 달라고 요청하면, 사람들이 조금씩 발길을 돌릴 것이기 때문이다.

구글과 콘텐츠 제공자들 사이에 분쟁이 일어난 것은 유튜브가 처음이 아니다. 구글에 뉴스 콘텐츠의 저작권 문제를 처음 제기한 것은 벨기에였다. 벨기에 신문사협회 카피프레스는 2006년 구글 뉴스가 신문사들의 동의 없이 기사와 사진을 무단 게재했다며 구글을 상대로 저작권 침해 소송을 냈다. 벨기에 법원은 구글 뉴스에서 신문사의 링크를 삭제하라며 신문업계의 손을 들어 주었고, 이후 소송은 독일, 이탈리아, 스위스 등으로 확산됐다. 이른바, 링크를 건 구글에게 돈을 내라는 '링크세環節稅 논쟁'의 시작이었다.

이후 프랑스의 언론사 AFP는 허가 없이 구글이 링크한 뉴스의 사진, 제목 및 일부 내용 게재를 중지하라고 요구하며 1,750만 달러 규모의 소송을 냈다. 이후 프랑스 언론사와 구글의 갈등은 확대되어 2012년 11월부터 프랑스 언론단체연합IPG은 구글이 제공하는 기사 링크에 대한 보상 문제에 대해 협상하고 있음을 공개했다. IPG는 5년 동안 매년 7천만 유로(약 1,050억 원)를 보상해야 한다고 주장했고, 구글은 완강히 이를 거부했다.

하지만 프랑스 정부의 압박 등으로 2013년 2월에 이르러 구글과 프랑스 미디어업체들과의 다툼은 '평화롭게' 결말이 났다. 구글은 프랑스의 미디어업계를 위해 6,000만 유로(약 896억 원) 규모의 디지털 출판 혁신 기금Digital Publishing Innovation Fund을 지원하고 프랑스 매체들의 광고를 활성화시키기 위해 자사 광고 플랫폼을 활용해 조력하기로 했다.

프랑스와 달리 스페인에서는 신문사가 이기는 듯 보였지만, 결국 굴복한 모습을 보여 줬다. 2014년 10월, 스페인 신문발행인협회는 링크세 법안을 통과시켰다. 이용자의 구글 검색 결과로 기사 제목과 링크만 보여 줘도 저작권료를 내라는 것이다. 하지만 결과적으로 신문발행인협회의 '이상적인' 노력은 실패로 끝났다. 구글이 저작권료 납부를 거부하고, 해당 신문사들의 콘텐츠와 링크를 노출시키지 않았던 것이다. 이로 인해 트래픽이 급격히 떨어지면서 신문사들은 굴복할 수밖에 없었다.

세계 모든 도서관의 책을 디지털화해 인터넷으로 검색할 수 있게 하겠다는 구글 북스에서도 저작권 이슈가 있었다. 프랑스작가협회는 구글을 상대로 저작권 침해 소송을 했고, 구글이 수익을 배분하기로 합의한 후에야 6년 만에 소송이 종결됐다.

모바일 시대 속 콘텐츠의 가치에 대해, 넷플릭스Netflix만큼 좋은 사례는 찾기 어렵다. 넷플릭스는 "소비자들은 선택을 좋아한다Consumers love choice"는 정책을 내세우며 시작된, 북미 최대의 온라인 동영상 스트리밍 회사다. 2007년에 DVD 우편 렌탈 업체로 출발한 넷플릭스는 시작하면서부터 당시 대표적인 DVD 대여업체였던 블록버스터Blockbuster를 무너뜨리며 승승장구했다. 지상파나 케이블TV가 아무리 많은 채널을 갖고 있다 해도, 앞으로는 무엇을 볼 것인지 시청자가 직접 정하는 주문형 방식이 될 거라는 것이 넷플릭스의 전망이었다. 과연 넷플릭스는 성공 신화를 썼다. 북미 지역 황금시간대의 웹 트래픽을 '공짜' 유튜브가 15%를 점유할 때 넷프릭스는 33%를 차지했고 가입자당 평균 시청 시간도 80분에 이르렀다.

넷플릭스의 흥망은 CEO 리드 헤이스팅스Reed Hastings를 보면 알 수 있다. 그는 2010년에 미국 경제전문지 「포춘」지가 꼽은 '올해 가장 눈부신 활약을 보여 준 기업인'으로 화제가 되었다. 당시 애플의 스티브 잡스가 3위였다.

하지만 2011년엔 야후 파이낸스(기업 재무에 관해 좋은 정보를 제공하는 야후 내의 별도 메뉴)가 꼽은 최악의 CEO가 됐고, 2012년엔 CNN머니가 꼽은 '올해 가시방석에 앉은 CEO 7인' 중 한 명으로 전락했다. 2011년 3분기에 넷플릭스의 주가는 300달러에서 약 77% 하락한 67달러 수준으로 곤두박질쳤다. 가입자는 순식간에 80만 명이나 순감소했다. 넷플릭스가 한 결합상품(DVD 우편 대여 서비스와 온라인 스트리밍 동영상 서비스를 함께 이용할 수 있는 상품)의 요금을 기존 9.99달러에서 15.98달러(약 60% 인상)로 올렸기 때문이다.

이 모든 드라마틱한 변화는 어떻게 된 것일까? 2011년 넷플릭스가 콘텐츠 저작권료로 지불해야 하는 금액은 8억 달러에 이르렀고 2012년에는 최소 17억 달러에 이를 것으로 예상됐다. 사실, 넷플릭스는 매년 콘텐츠 저작권료를 외상으로 지불해 왔으며 당시까지 지불해야 할 돈의 40%만 지급한 상태였다. 외상매입금은 연간 350% 증가하고 있는데 가입자 증가율은 49% 정도에 불과했다.

당시 넷플릭스의 상태는 콘텐츠 공급업체 중 한 곳이라도 채무상환을 요구하면 바로 부도로 이어질 정도였다. 더구나 미래의 이익 구조도 밝지 못했다. DVD 우편 대여 서비스의 마진은 53.4%였지만, 그것보다 투자금이 훨씬 많이 드는 온라인 스트리밍 서비스의 마진은 10.9%에 불과했다.

또한 주변 경쟁자들의 움직임들도 심상치 않았다. TV 콘텐츠를 강점으로 가진 온라인 동영상 스트리밍 회사인 훌루(Hulu, 뉴스코퍼레이션과 NC유니버설이 2008년 3월에 합작해 만든 회사)가 홀연히 등장했고, 아마존도 프리미엄 가입자들에게 5천 개의 영화 타이틀을 무료로 제공하는 프리미엄 인스턴트 비디오Prime Instant Video라는 이름의 서비스를 시작한 상황이었다. 이렇게 콘텐츠 유통 업체 간 경쟁이 치열해지자 콘텐츠 제공자Contents Provider들은 가격을 천정부지로 올리기 시작했다. 콘텐츠 자체를 유통해 수익을 취하려는 비즈니스 모델Business Model의 한계가 온 것이다.

이때, 넷플릭스는 스마트TV, 셋톱박스, 게임콘솔 등 다양한 분야의 디바이스들과 제휴(쉽게 말해 방송 채널의 확대와 같은 개념)함으로써 이 위기를 극복하려 했다. 당시 넷플릭스를 17개 정도 살 수 있는 현금을 갖고 있던 마이크로소프트에서 넷플릭스를 인수할 것이란 소문도 떠돌았다. 마이크로소프트가 X박스Xbox의 셋톱박스 기능을 강화하려면 넷플릭스의 영화 대여 서비스가 좋은 양분이 될 수 있기 때문이다.

결국, 콘텐츠 구매 비용 때문에 위기에 처한 넷플릭스를 위기에서 구한 것은 역시 콘텐츠였다. 넷플릭스는 콘텐츠를 소비하는 이용자를 분석하는 시네매치CineMatch란 알고리즘을 개발했다. 콘텐츠에는 넷플릭스 양자이론Netflix Quantum Theory을 적용했다. 양자란 물리학 용어로 더 이상 나눌 수 없는 물질의 최소량을 말한다. 넷플릭스에서 콘텐츠를 분석하는 가장 작은 단위인 셈이다.

가령 넷플릭스는 성적 표현 수위, 잔인성, 주인공의 도덕성, 해피엔딩 여부, 로케이션 장소, 주인공의 직업 등을 5점 척도로 수치화해 영화를 분류한다. 그리고 영화를 보는 이용자의 반응을 살피는 것이다. 이용자가 어떤 영화를 보았는지, 몇 개의 별점을 주었는지, 시간대별로 어떤 영화를 선호했는지, 또 선호하는 영화의 변화 그래프는 어떤지, SNS에는 어떤 기록을 남겼는지를 분석하는 것이다. 그렇게 콘텐츠와 이용자 양쪽을 모두 분석하여, 매칭시키는 알고리즘이다. 이것은 순전히 개인적인 선호도이기 때문에 SNS에서 흔히 그러하듯 자신을 꾸미거나 변조할 필요가 없는 상황에서 만들어진, 어느 정도는 순수한 데이터다.

이런 빅데이터 분석을 통해, 넷플릭스는 최초의 자체 제작 드라마인 「하우스 오브 카드House of Cards」를 성공시킬 수 있었다. 넷플릭스는 BBC에서 원작 드라마 판권을 구매한 후, 일 평균 300만 건의 동영상 데이터를 토대로 드라마 시청자들의 성향을 분석했다. 여기에 시청자의 평가와 소셜 반응, 검색 정보와 시청률까지 더해 어떤 감독과 배우를 쓰면 성공할 수 있는지까지 결론을 내릴 수 있게 했다.

그 결과, 감독은 데이비드 핀치, 주연은 케빈 스파이시로 정해졌다. 또한 넷플릭스는 성공할 스토리까지 예측했고, 방영 방법까지(시즌의 에피소드 전체를 일시에 퍼블리싱하는 방향으로) 구해 냈다. 그 결과 콘텐츠는 대성공을 거두었고 편당 제작비는 40억 원으로 다른 드라마보다 저렴하게 마감할 수 있었다. 「하우스 오브 카드」는 고객이 좋아할 것 같은 콘텐츠가 아니라, 좋아하는 콘텐츠였다.

하지만 콘텐츠가 갑인 시대가 되었다고 해서 당장에 창작자에게 큰 변화가 생기지는 않았다. 2014년 3월, 무료 음악 스트리밍 서비스인 비트Beat가 등장했다. 회원 200만

명을 돌파한 이 서비스의 가장 큰 특징은 음원이 무료라는 것이다. 한국의 전설적인 록 밴드 시나위의 리더인 신대철이 '음원유통협동조합'을 만든 상황에서, 갈등을 촉발하는 서비스 같기도 하다. 신대철은 한국의 음악 유통시장이 대기업들의 유통 개입으로 왜곡돼 있고, 창작자들의 권리가 제대로 보호받지 못하고 있다고 주장한다.

다만, 비트의 경우는 듣는 사람에게는 무료이지만 비트에서 음원 저작권자에게 사용료를 지불한다. 비트는 매출과 비용의 간극을 광고로 극복하려 할 것이다. 비트의 음원 듣기가 무료라고는 하지만 1곡당 1하트가 필요하다. 하트를 얻는 방법은 다양하다. 가입 후 최초 10일 동안 애플리케이션을 실행하면 하루에 최대 20개의 하트를 지급받을 수 있다. 또 친구를 초대하면 50개의 하트를 지급받고, 매일 SNS에서 공유하면 하루에 10개의 하트를 얻을 수 있다. 앱을 다운받는 구글플레이에 리뷰를 남겨도 20개의 하트가 제공된다. 가입자가 홍보를 대리하면서 무료로 음원을 들을 수 있는 것이다. 향후에는 이렇게 확대된 가입자를 통해 광고하려고 할 것이다. 현재도 이용자가 10곡을 들으면 아주 짧은 광고가 나온다.

무료 음원을 제공하는 비트의 등장은 역설적으로 중요해진 콘텐츠의 입지를 재확인시켜 주는 지점이다. 유료로 콘텐츠를 제공하는 플랫폼의 범람 속에서, '무료 음원' 콘텐츠를 제공하는 플랫폼은 강력한 차별성을 가질 수 있기 때문이다.

CHAPTER 4

새로운 인문학을 도발하는 IT

사물인터넷을 포함한 IT기술이 더 발전해서 보편화되면,
예전에는 쓸 수 있었던 영화 시나리오는 이제 많이 수정되거나
아예 쓰이지 못할 수도 있다. 그만큼 IT기술은 우리의 생각 이상으로
훨씬 우리의 삶 속에, 우리의 몸속에 근접해 들어오고 있다.

1

트위터는 시詩가 될 수 있는가?

시와 트위터에는 몇 가지 공통점이 있다.

첫째는, 스스로에게 보내는 메시지란 점이다. 트위터는 SNS치고는 아주 역발상적인 커뮤니케이션 구조를 갖고 있다. 트위터의 첫 번째 수신자는 바로 본인이다. 문자처럼 특정 수신인을 지니고 있지 않고, 마치 자기 스스로에게 메시지를 보내는 구조다. 그다음 팔로워들이 그 메시지를 '구독'한다.

시詩는 그 자체가 하나의 완결된 형태의 글이다. 그와 같은 '자기 완결성'이란 속성을 갖기 위해서는 시를 완성하는 그 마지막 순간까지 시인은 자기의 마음을 들여다봐야 한다. 타자의 것들이 개입되면 자기 완결적인 구조를 가질 수 없다. 혹 그렇다 하더라도 시인은 타자의 것들을 시 안에서 모두 자기화하는 과정을 거쳐야 한다. 시 역시 최초의 독자는 바로 시인 자신이다.

물론 팔로워와 독자가 지은이의 메시지를 읽은 다음부터는, 그 메시지 자체는 엄격히 말해 지은이의 것이 아니라 메시지를 읽은 그들의 것이 된다. 가령, 팔로워들이 메시지를 있는 그대로 전달한다 해도, 그가 팔로잉하는 사람들과 그를 팔로우하는 사람들의 성향 때문에 '전달 자체'에도 이미 팔로워의 해석이 개입된다. 마찬가지로, 하나의 시를 서로 다른 개성의 사람들이 읽는다 해도 시 문구 자체는 바뀌지 않는다. 하지만 저마다 다른 삶의 배경과 마음의 궤적을 가진 독자들 때문에, 결국 읽는 사람마다 다른 메시지가 된다. 「꽃」이란 시로 유명한 김춘수 시인은 "시는 시인의 것이 아니라, 읽는 사람의 것이다"라고 말하기도 했다. 즉, 트위터와 시는 모두 유아론적인 성격에서 출발하지만 끝내는 폭넓은 해석의 여지를 갖게 된다.

트위터와 시의 두 번째 공통점은 글자 수에 제약이 있다는 것이다. 트위터는 입력 가능한 음절 한계가 140자이다. 이는 트위터가 통신사의 문자에서 비롯된 서비스이기 때문이다. 만약 미국 통신사의 SMS에 입력할 수 있는 글자가 1,400자였다면 트위터의 입력 한계 역시 1,400자가 됐을지도 모른다. 트위터의 140자란 한계를 두고, '임계 질량critical mass'이란 평가도 있다. 임계 질량이란 핵 물질이 외부의 도움 없이 스스로 계속 핵분열을 할 수 있는 최소한의 질량을 말한다. 즉, 140자는 말하자면 소통의 임계 질량으로, 소통이 스스로 확장되는 데 가장 최적화된 글자 수라는 평가다. 하지만 이는 사후 평가일 뿐이다. 어떤 일이 성공하고 나면, 그것이 성공한 데 대한 수백 가지 이유가 등장하는 것과 같은 이치다.

산문시를 포함한 자유시의 경우에는 글자 수 제한이 없지만, 대부분의 정형시에는 글자 수 제한이 있다. 정형시 중에서 글자 수에 제한을 둔 대표적인 시의 형식들을 보면, 중국에는 오언절구, 칠언절구가 있고 일본에는 와카, 하이쿠가 있으며 우리나라에는 향가, 시조가 있다.

오언절구는 4구로 이루어진 시로, 1구의 자수가 5자인 것을 말한다. 칠언절구는 역시 4구로 이루어졌으며 1구의 자수가 7자이다. 즉, 20자 내지 28자의 짧은 글에 시인은 자신의 마음속에 새로 꽃피거나 저문, 전 세계를 모두 담아야 한다.

와카는 5/7/5/7/7, 즉 31음으로 구성되었으며, 하이쿠는 5/7/5의 17음으로 만들어진 것으로 세계에서 가장 짧은 정형시다. 하이쿠에는 17음이란 글자 제약만 있는 것이 아니라, 계어季語와 절자切字까지 17자 안에 모두 담아야 한다. 계어는 자연에서 골라낸 말로 시간성을 갖는 동시에 우리의 시선을 한곳에 쏠리게끔 하는 역할을 한다. 절자는 시적 호흡이나 의미적 맥락을 끊어 내는 역할을 해 여백을 창출한다. 독자는 그 여백에서 해석과 상상의 여지를 가지게 된다.

절구와 하이쿠 모두 표음문자인 한자로 쓰는 시이기 때문에, 짧은 정형시가 가능했을지 모른다. 고려 말부터 쓰이기 시작한 시조 역시 정형시로서의 속성과 구조를 갖고 있다. 시조가 한글로 쓰이기 시작한 뒤부터는 표음문자가 아니기 때문에 접속사나 조사, 동사 등의 문제로 명백한 정형시의 형태를 갖추기는 어려웠다. 하지만 한글은 음운문자이면서도 음절문자의 특성을 모두 갖고 있기 때문에 어느 정도는 극복할 수 있었다. 또 우리말의 체언에는 2음절과 3음절의 단어가 압도적으로 많기 때문에 정형시가 가능한 언어가 됐다. 시조의 글자 수 제약은 아래와 같다.

초장: 3 / 4 / 3 / 4(+-1)

중장: 3 / 4 / 3 / 4

종장: 3(고정) / 5(+1) / 4(-1) / 3(+1)

아래는 영국의 낭만주의 시인 윌리엄 워즈워드의 「To a Skylark(종달새에게)」란 시이다. 이 시를 트위터 안에 싣는다면 140자란 제약 때문에 아래 내용까지만 실을 수 있다. 이 시를 한글로 트위터에 옮긴다면 영어의 알파벳보다는 조금 더 길게 실을 수 있다. 하지만 두 개의 언어 모두, 시 전문을 트위터에 한 번에 싣는 것은 불가능하다.

Ethereal minstrel! Pilgrim of the sky!
Dost thou despise the earth where cares abound?
Or, while the wings aspire, are heart and eye
Both wi

하늘의 음유시인! 하늘의 순례자여!
너는 근심어린 이 땅을 얕보는가?
아니면, 날개쳐 솟아오르는 동안에도 마음과 눈은
둘 다 이슬맺힌 땅 위의
너의 둥지에 머물러 있는가?
너의 떨리는 날개를 접고, 노래 그치면
마음대로 내려와 앉을 수 있는 너의 둥지•

• 『워즈워드의 名詩』, 최홍규 역, 세계출판사, 1988년

앞서 트위터와 시의 닮은 점을 살펴봤지만, 결국 둘은 같다고 말할 수 없다. 시에는 행간이란 것이 있다. 우리가 어떤 시를 처음 봤을 때는 행을 읽지만, 몇 번 읽은 뒤부터는 행간을 봐야 하고, 그다음에는 자신의 마음을 봐야 한다. 좋은 시일수록 행간은 늪이 된다. 그 행간에 점점 빠져들수록 반대로 독자의 마음속에는 무언가가 떠오른다. 시는 독자의 마음에 돌기를 심어 넘어지게끔 하는 것이고, 말뚝을 박아 그 사유와 감성의 늪에서 빠져 나오지 못하게 하는 것이다.

트위터의 메시지에는 행간이 없다. 그 메시지를 보낸 사회적 맥락이 있거나 말 줄임이 있을 뿐이다. 행간과 말 줄임은 다르다. 말 줄임이란 것은 단순한 필요에 의해 명백하게 말을 줄였음을 드러내는 것이고, 행간은 담긴 것이다. 한국 근대 문학가인 이광수는 시란 시인의 인생 또는 사상 중에서 특기할 부분이 있거나 흥미로운 부분을 추출한 다음, 운율을 덧붙여 쓰는 것이라고 했다. 시의 행은 특별히 뽑혀서 쓰인 글이기 때문에 행간에는 나머지 전 세계가 들어 있다. 물론, 행간에 담긴 세계의 크기나 굴절된 각도, 빛의 양과 그림자의 짙음, 계절과 날씨 등은 행을 어떻게 썼느냐에 따라 달라진다.

일본 하이쿠의 대표적 시인인 바쇼는 이렇게 말했다.

하이쿠라는 문예가 재미있는 것은 아무래도 5,7,5라는 17음밖에 없기 때문일 것이다. 작자는 단 17음으로 무엇을 말할 수 있을지 필사적으로 생각하고 격투하는 것이다. 독자는 독자대로 17음을 통해 자신의 감성, 미의식, 체험, 지식 등을 총동원해 보다 풍요로운 세계를 읽어 낼 수 있도록 모색한다.•

트위터를 쓰는 사람도 나름대로 심적 격투를 벌인 뒤에, 140자를 쓸 수도 있지만 사회적 파장이 두려운 것은 사실이다. 반대로, 시를 쓰기 위해 격투하는 사람은 자신의 세계가 다른 사람의 세계에 이르지 못하고 동떨어질까 봐 걱정한다. 그래서 어떤 시인은 끝내 소통을 포기한 듯도 보이지만 시를 쓰는 한 그는 포기한 것이 아니다.

시는 그 예술혼으로 인한 '함축성' 때문에 짧은 운문이지만, 트위터는 짧되 그 '방만함' 때문에 산문이다. 단지 짧다고 해서 함축적인 것은 아니다. 독일의 철학자 헤겔도 현대는 시를 생산해 내기에는 불리한 산문의 시대라고 하지 않았는가. 트위터는 어디까지나 산문일 뿐 시는 될 수 없다. 물론, 트위터가 시가 되고 싶다고 말한 적은 없지만, 묻기 전에 답해 보는 것도 의미가 있을 것이다.

• 박영준, 「시조와 하이쿠의 미의식_형식적 측면을 중심으로」, 『어문논집』, 제43집, 2010년 3월

2
사물인터넷과 인간의 사랑

모바일 다음의 기술로 회자되는 사물인터넷을 한마디로 정의하자면, 사물들끼리 의사소통을 주고받으면서 '인간의 개입 없이' 알아서 움직이게 하는 것이다. 자동화와 사물인터넷의 개념이 크게 다르지 않다는 것은, 사실상 노동이 기계화된 시점부터 사물인터넷이 세상에 출현했다는 것에서 알 수 있다. 생산 효율성을 높이기 위해, 중앙제어실에서 작업장에 발생하는 위치, 온도, 압력 등의 데이터를 수집하고 제어해 왔기 때문이다.

프레데릭 윈슬로우 테일러(1856~1915)가 제창한 작업 표준화를 살펴보자. 1914년 헨리 포드는 테일러의 과학적 관리법을 적용해 시카고 하이랜드파크의 자동차 공장에 최초로 컨베이어 벨트를 적용했다. 포드는 조립 과정을 29개로 분리시킨 분업 체계를 도입해, 한 대의 조립 시간을 20분에서 13분대로 줄였다. 그다음, 라인의 높이를 조정해 노동자들이 허리를 굽히는 시간을 줄였다. 그러자 조립 시간은 대당 7분으로 줄었고 노동자가 좌우로 이동할 필요가 없게 된 다음부터는 5분이 되었다.

하지만 자동화가 더욱 발달하면서 인간의 노동을 표준화하려는 의미도 사라졌다. 기계와 산업용 로봇이 인간의 노동을 아예 대체해 버렸고, 더 나아가 사물인터넷 기술은 이제 공장만이 아니라 우리의 생활 반경에까지 침투해 들어오고 있다. 당분간은 모바일과 사물인터넷 기술이 중첩되는 시대가 이어질 것이다. 사람들은 스마트폰으로 다른 사물들을 컨트롤하기 시작했다. 사물인터넷 시대가 완전히 도래해 사물들이 정말 알아서 움직이기 전까지는 이 방법이 대세를 이룰 것이다. 많은 기업들은 사물인터넷 비즈니스 분야 중 하나인 스마트홈에 집중하고 있다. 가정에는 많은 전자제품이 있고, 사람들은 그나마 가족의 물건을 사는 데에는 소비를 아끼지 않기 때문이다.

사물인터넷 시대가 되면 우리의 삶은 어떻게 달라질까? 더 발전된 IT기술이 인간의 일자리를 빼앗는 대신, 우리의 생활은 조금 더 편리해질 것이다. 아이러니한 문제는, 일자리를 빼앗긴 사람들에게 삶을 더욱 안락하게 해줄 IT 제품을 살 돈이 있는가이다. 새로운 기술과 비즈니스의 출현이 더 나은 일자리를 창출할 것이란 근거 없는 막연한 기대를 쏟아 내는 미래학자의 말만큼 믿기 힘든 것은 없다.

사물인터넷이 우리의 삶을 어떻게 바꿀 것인지 좀 더 가까운 일상의 이야기들을 해보자.

알랭 드 보통의 첫 번째 에세이인 『나는 왜 너를 사랑하는가』(청미래, 2007년)에서 주인공인 '나'와 클로이는 브리티시 항공에서 출발한 보잉 767에서 우연히 만난다. 그것은 '내'가 계산한 확률에 따르면, 989.727분의 1에 이르는 우연이었다. '나'는 소수점까지 계산할 정도로 그 우연에 이르기까지 과정의 작은 부분도 놓치고 싶어 하지 않는다.

원래 클로이는 10시 30분행 에어프랑스 비행기를 탈 계획이었다. 하지만 여행 가방에 들었던 샴푸가 새는 바람에 귀중한 10분을 낭비했고, 에어프랑스 비행기를 아슬아슬하게 놓치고 말았다. 클로이는 10시 45분발 런던행 비행기를 브리티시 항공에서 다시 예약했다. '나'도 마침 그 비행기를 타기로 예정돼 있었다. 클로이는 좌석 15A에 앉았고 '나'는 15B에 앉았다. 그들이 나란히 앉을 확률은 '나'의 계산에 따르면, 989.727분의 1이었다.

그는 클로이에게 첫눈에 반한다. 두 사람은 런던에 도착한 뒤로도 계속 이야기를 나눈다. 수하물 벨트에서 가방을 기다리는 동안, 클로이는 화장실에 가고 싶어 한다. 그때 클로이는 말한다. "부탁 좀 해도 될까요? 화장실에 갔다 올 테니까 … 광택 있는 녹색 손잡이가 달린 분홍색 가방이 보이면 내 것인 줄 아세요." 클로이는 원래 가방에 대해 걱정이 많았다. 비행기에서도 가방에 대해 약간의 불안 증세를 보이며 없어지지도 않은 짐에 대해 '내 짐이 사라지지 않았으면 좋겠는데'라고 걱정했다.

이 작은 우연 하나가 발생할 '화장실 상황'이 없었다면, 주인공인 '나'는 클로이를 뒤로 하고 먼저 공항에서 나왔을 것이다. 그리고 그녀의 전화번호를 물어보지도 않았을 것이고 숫자 몇 개를 잊어버려 런던 전화번호책을 뒤질 일도 없었을 것이다. 무엇보다, 클로이에 대해 애달파할 일도, 사랑할 일도, 헤어질 일도 없었을 것이다. 여담이지만, 이때 클로이의 여행 가방이 사물인터넷 기술이 적용된 블루스마트Bluesmart 가방이었다면, 클로이는 그에게 그런 부탁을 했을까? 블루스마트는 스마트폰과 블루투스를 연동해 사정거리 내로 오면 원격으로 가방을 잠글 수 있다.

영화「클로이」에도『나는 왜 너를 사랑하는가』의 여주인공 이름과 같은 클로이 스위니가 등장한다. 그녀는 고급 창녀로 욕망의 대상이었지만, 이제는 그 욕망의 대상에서 벗어나고 싶어 한다. 그러던 와중에 교수 데이빗과 의사 캐서린, 그리고 클래식을 공부하는 아들 마이크 스튜어트로 구성된 상류층 가족을 만난다. 같은 여자지만 클로이는 캐서린에게 사랑을 느끼고, 캐서린은 여자 문제로 남편 데이빗을 의심한다. 캐서린은 젊고 예쁜 클로이에게 묘한 제안을 한다. 클로이에게 남편 데이빗을 유혹해 달라고 한 것이다.

클로이는 캐서린을 처음 봤을 때부터 사랑했고 그녀의 곁으로 더 가까이 다가가기 위해, 그녀와 남편 사이를 멀어지게 하기 위해 거짓말을 시작한다. 데이빗이 마치 자신과 섹스를 한 것처럼 캐서린에게 보고한다. 그리고 캐서린은 실수로 클로이와 침대 위에서 사랑을 나누기도 하지만 결국 그녀를 거부한다.

클로이는 아들인 마이크에게도 접근한다. 마이크는 클로이에게 반해, 어느 날 저녁 클로이가 선물해 준 음악 CD의 곡들을 기타로 연습하는 중이었다. 그때는 클로이의 거짓말이 밝혀져 부부 사이가 회복된 날의 저녁이었다. 클로이는 집 안으로 들어가 자신을 보라는 마이크의 외침을 거부한 채 옷장에 걸린 캐서린의 옷을 보며 섹스를 한다. 그들이 캐서린의 방에서 한창 정사 중일 때, 캐서린이 집 안으로 들어온다. 다툼 끝에, 클로이는 창 밖으로 떨어져 자살한다.

이 마지막 장면에서, 낯선 사람이 문 앞을 자꾸 서성이거나 문을 강제로 열려고 할 때 주인의 스마트폰으로 얼굴을 촬영해 전송해 주는 사물인터넷 기술이 있었다면 이야기가 달라졌을 것이다. 그날 클로이가 죽지 않았을지는 모르겠지만 머지않아 비슷한 일이 일어났을 것이다. 아무리 뛰어난 사물인터넷 상품이라 해도 그것은 보완재일 뿐, 그것 자체가 운명을 바꾸는 것은 아니니까.

영화 「행복」에서, 은희(임수정)와 영수(황정민)는 시골 요양원인 '희망의 집'에서 만난다. '희망의 집'은 아침에 일어나 운동하고 텃밭을 가꾸며 술과 담배와 인스턴트 식품을 가까이해서는 안 되는 곳이다. 은희는 폐 기능이 40%만 남은 폐병 환자이고, 영수는 지나친 음주와 거친 도시생활 때문에 간경화를 앓고 있었다. 은희와 영수는 서로에게 호감을 느낀다. 그렇게 가까워지면서 그들은 '희망의 집'을 떠나 시골의 빈 집에 살림을 차린다.

은희는 1년 동안 영수의 병이 완쾌될 때까지, 질경이, 엉겅퀴, 민들레, 돌미나리, 돌나물을 직접 채취해 먹이며 그를 돌본다. 하지만 영수는 이런 그녀에게 지겨움을 느끼고 서울로 떠난다.

"은희야, 너 밥 천천히 먹는 거 지겹지 않니? 난 지겨운데…. 너 그냥, 나보고 헤어지자고 하면 안 되니? 네가 좀 떠나 줘. 나 그런 얘기 못 하는 거 네가 더 잘 알잖아."

하지만 서울로 다시 올라간 영수의 삶은 전보다 더 망가지고 병은 회복할 수 없는 지경에 이른다. 그러던 중 우연히 '희망의 집' 원장을 만나 은희가 곧 죽는다는 소식을 듣는다. 그녀의 임종을 지키며 영수는 그녀가 했던 말을 떠올린다.

"나 죽을 때, 자기가 옆에 있어 줘. 그러면 무섭지 않을 것 같아."

이런 상황에서 만약, 은희에게 호흡 패턴을 분석하고 호흡 훈련까지 시켜 주며, 이상한 징후가 발생하면 위험 메시지를 전달하는 사물인터넷 제품이 있었다면 어땠을까? 영수 없는 그녀의 삶은 더 행복해졌을까? 영수가 산소 호흡기를 달고 있는 은희를 내려다보는 마지막 장면은 문태준 시인의 「가재미」를 떠올리게 한다.

김천의료원 6인실 302호에 산소마스크를 쓰고
암투병 중인 그녀가 누워 있다
바닥에 바짝 엎드린 가재미처럼 그녀가 누워 있다
나는 그녀의 옆에 나란히 한 마리 가재미로 눕는다

가재미가 가재미에게 눈길을 건네자
그녀가 울컥 눈물을 쏟아낸다
한쪽 눈이 다른 한쪽 눈으로 옮아 붙은 야윈 그녀가 운다
그녀는 죽음만을 보고 있고
나는 그녀가 살아온 파랑 같은 날들을 보고 있다
좌우를 흔들며 살던 그녀의 물속 삶을 나는 떠올린다
……(중략)
그녀의 숨소리가 느릅나무 껍질처럼 점점 거칠어진다
……(중략)
산소호흡기로 들이마신 물을
마른 내 몸 위에 그녀가 가만히 적셔준다.

러시아 혁명 전후 시대를 배경으로 한 영화 『닥터 지바고』의 엔딩 장면만큼 인상적인 라스트 신도 없을 것이다. 의사이기 이전에 시인인 유리와 라라는 시대의 운명처럼 만남과 이별을 반복한다. 그리고 그들의 마지막 헤어짐은 얼음성에서 일어난다.

유리와 라라는 그간의 삶의 행적 때문에 어차피 붙잡힐 것을 예감하고, 마지막 평화를 위해 바라키노로 떠난다. 그곳은 유리가 어릴 적에 숙모로부터 처음으로 글을 배운 곳이다. 저택은 완전히 얼어붙어 얼음성으로 변해 있

지만, 책상과 서랍 속의 펜과 종이는 그대로다. 유리는 책상을 한참 동안 쓰다듬으며 미소 짓는다.

어느 날 한밤중에 일어난 유리는 라라를 위해 시를 쓴다. 이튿날 아침 라라는 책상 위에 놓인 그 시를 보고 감동을 받는다. 그리고 말한다.

"이건 내가 아니에요."

"아니, 당신이에요." 라라는 다시 유리를 향해 말한다.

그들은 수완가이자 극동부 법무성 장관으로 임명된, 그리고 라라 어머니의 애인이자, 라라의 순결을 빼앗은 코마로프스키의 도움으로 러시아를 빠져나갈 수 있게 된다. 하지만 코마로프스키를 극도로 혐오하는 유리는 라라를 먼저 보내고 얼음성에 남는다.

그 뒤로 라라와 유리는 8년 동안 만나지 못한다. 8년 동안 유리는 아주 가난한 삶을 산다. 하지만 다시 우연히 만난 볼셰비키 간부인 형의 도움으로 겨우 일자리를 구한다. 그리고 첫 출근 날, 유리는 버스 창문 바깥으로 지나가는 라라를 본다. 그는 너무나 약해진 심장을 움켜쥐고 억지로 내리지만 불과 라라와 3미터 떨어진 곳에서 쓰러지고 만다. 사람들은 유리 주위로 몰려들지만 라라는 이미 모퉁이를 돌아선 뒤이다.

자, 이때 만약, 약 먹을 시간을 제때 알려 주는 사물인터넷 제품이 있었다면(지금도 실제로 있다. 안에 탑재된 센서를 통해 약 먹는 시간을 체크하고 환자에게 약 먹는 시간을 알려 준다.) 또 심장 박동수를 분석해 심장의 나이를 알려 주는 루마핏LumaFit이 있었다면, 라라와 유리는 과연 재회할 수 있었을까?

사물인터넷을 포함한 IT기술이 더 발전해서 보편화되면, 예전에는 쓸 수 있었던 영화 시나리오는 이제 많이 수정되거나 아예 쓰이지 못할 수도 있다. 그만큼 IT기술은 우리의 생각 이상으로 훨씬 우리의 삶 속에, 우리의 몸속에 근접해 들어오고 있다.

3

손정의의 페퍼에서 영화「Her」의 사만다까지

2014년 6월 5일, 소프트뱅크 손정의 회장은 인간을 닮은 휴머노이드 로봇 페퍼를 소개했다. 1인 가구를 포함한 가족은 페퍼를 약 2백만 원(19만 8천 엔)에 '입양'할 수 있다. 손정의 회장은 페퍼가 많이 입양될 수 있도록 가격을 낮추었다며, 많이 입양되면 될수록 적자는 사라질 것이라고 말했다. 페퍼의 몸은 120cm의 센서이자 출력기이다. 가령, 주위 사람의 표정을 읽고 거기에 맞는, 때로는 맞지 않는 표정을 지어 인간다운 주체성을 가진 듯하게 반응한다. 페퍼의 뇌는 클라우드 서비스 이모션 엔진이란 이름의 데이터센터에 있다.

손정의 회장은 "지난 65년 동안 컴퓨터는 인간의 좌뇌 역할을 해왔다"고 말했다. 페퍼를 기점으로 이제 컴퓨터가 감정의 영역을 담당하는 우뇌 역할도 할 것이란 뜻이다.

로봇에 대한 인간의 니즈 역시 조건에 따라 변한다. 로봇이란 말이 처음 등장한 것은 체코 작가 카렐 차펙Karel Capek이 1921년에 발표한 『로보트 R.U.R(Rossum's Universal Robots)』이란 희곡에서였다. 로봇은 체코어 '로보타robota'에서 온 말로 '고된 노역'을 의미한다.• 인간이 하기 힘든 일을 하는, 또는 인간보다 더 효율적으로 일할 수 있는 로봇을 보는 시선은 다음과 같이 세 가지 정도로 압축된다.

로봇에 대한 첫 번째 시선은 '노동'은 인간이 하기 싫어하는 것이며 노예의 것이라는 점에서 출발한 것이다. 영화에 자주 등장하는 '좀비'는 사실상 노동에 대한 사람들의 공포가 반영된 것이다. '살아 있는 시체' 또는 '영혼 없는 인간'인 좀비는 아메리카로 강제 이주당한 아프리카 노예들을 기원으로 하고 있다. 원래 부두(보두, 보둔)는 아프리카 배냉만(가나, 나이지리아, 토고 일대 지역)에 살고 있는 부족들의 토속 신앙이다. 부두교는 원래 죽은 조상신을 기리

• 노동의 라틴어 어원 'poena'는 슬픔이란 뜻을 갖고 있다. 더 정확히는 단순히 고통스럽다는 차원을 넘어 신이 내린 저주라는 의미까지 확장된다. 호머는 노동에 대해 인간을 미워한 신이 앙심을 품고 인간을 고생시키는 것이라고 했고, 그래서 아리스토텔레스는 노동은 노예의 것이라고 했다.

는 것이었는데, 아메리카로 건너와 기독교와 뒤섞이며 현재의 부두교가 되었다.

부두교에는 주술을 다루는 제사장인 운강이 있는데, 그들의 신앙에 따르면 운강은 죽은 사람을 다시 살릴 수 있는 능력이 있다. 당시 아이티 등지에 있던 노예들이 가장 두려워한 주술 행위는 운강이 죽은 노예를 되살려, 즉 좀비를 만들어 다시 사탕수수 농장으로 보내는 것이었다. 야근과 주말 근무뿐 아니라 돈을 받고 일하는 시간에도 일하기를 싫어 하는 우리와 겹치는 부분이 많지 않은가? 가령 정년퇴직 후의 노동은 공포에 가까운 것일지도 모른다. 그런데 그러한 노동을 로봇이 대신해 준다면 기쁘지 않겠는가?

로봇에 대한 두 번째 시선은 보다 현실적이다. 인간보다 일을 잘하는 로봇이 인간의 일자리를 빼앗는 것이다. 일자리를 빼앗겼다는 것은 불필요한 부속품이 되었으므로 급여를 받을 수 없다는 것이다. 인간에게 돈을 줄 바에야 기계에 기름을 치는 것이 낫다는 것. 근대에는 이런 식으로 로봇(기계)에 대한 공포감이 확산됐다.

1872년에 영국 작가인 새뮤얼 버틀러는 소설 『에러혼Erewhon』에서 "우리는 될 수 있는 한 많은 기계를 부숴야 한다. 그러지 않으면 기계는 우리를 완전히 지배하는 폭군이 될 것이다"• 고 말했다.

이 소설의 모티브가 1811년부터 1817년까지 영국에서 있었던 러다이트Luddite 운동인 것은 명백하다. 러다이트 운동은 영국 산업혁명이 초래한 실업의 위험에 저항해 직물 기계를 파괴하는 것이었다. 이에 비해 로봇은 얼마나 건전하고 인간에게 헌신적인가? 1928년 조선의 「중외일보」는 로봇에 대해 다음과 같이 소개했다.

> 전화로 불러내면 영리하게 대답할 뿐 아니라 시키는 일을 단박에 하기 시작하니 사람처럼 반항을 한다든지 게으름을 부리고 괴롭다고 쉬는 일이 없으며 언제든지 정확하고 충실하게 끊임없이 노력을 하는 터이며, 또 라디오를 응용하면 천 리나 이천 리 밖에서라도 명령을 내릴 수 있고, 뜻대로 사용할 수 있어 편리하기 짝이 없다.••

이것은 진실이었다. 자본가들은 기계와 로봇에게 더 많은 일을 맡겼고, 인간에게는 많은 급여를 주지 않았다.

• 한스 모라벡, 『마음의 아이들, 로봇과 인공지능의 미래』, 박우석 역, 김영사, 2011년, 재인용

•• 한민주, 「인조인간의 출현과 근대SF문학의 테크노크라시」, 『한국근대문학연구』 25권, 2012년 상반기, 재인용

먹고살 만큼의 돈을 주었고, 더 나은 삶을 살기 위해서는 빚을 져야만 하도록 금융 상품을 발전시켰다. 노동생산성이 늘어나도 충분히 보상할 필요가 없었다. 자본가에겐 로봇과 기계가 있으니까. 국제노동기구ILO에서 발표한 자료에 따르면 노동생산성과 실질임금 지수를 1999년 기준으로 모두 100이라고 했을 때, 2011년에 노동생산성은 114를 넘었지만 실질임금은 106에 그쳤다.

로봇에 대한 세 번째 시선은 보다 상상력이 가미된 것이다. 로봇이 인간을 실업자 내지 채무자로 만드는 것을 넘어 인간 다음으로 지구의 지배자가 되리란 것이다. 한스 모라벡은 1994년에 미국 과학 월간지 「사이언티픽 아메리칸」 10월호에 '로봇이 지구를 물려받을 것인가?'라는 글을 발표했다.•

모라벡은 인간이 원숭이보다 머리가 30배 좋지만, 2040년경이 되면 로봇은 20세기의 로봇보다 성능이 100만 배 이상 좋아질 것이라고 말했다. 청출어람이라는 말이 인간과 로봇 사이에 적용되는 날이 머지않은 것이다. 여기서 '마음의 아이들'이란 사람의 마음을 물려받은 로봇을 은유적으로 말한다.

• 한스 모라벡, 『마음의 아이들, 로봇과 인공지능의 미래』, 박우석 역, 김영사, 2011년

한 걸음 더 나아가면, 로봇은 인간에게 위해를 가하는 존재가 될 수도 있다. 1999년에 배급된 영화 「매트릭스」는 정확히 200년 뒤인 2199년의 현실을 다루고 있다. 2199년의 인간은 인공지능 컴퓨터들이 사육하는 에너지 공급원일 뿐이다. 인간은 오로지 기계에 의해서, 기계를 위해 태어나고 생명이 유지될 뿐이다.

로봇에 대한 네 번째 시선은 이제 막 눈 뜨기 시작한 '우뇌로서의 로봇'이라는 관점이다. 바로, 손정의가 페퍼란 실물을 통해 대중 앞에 제시한 것이다. 우뇌로서의 로봇은 좌뇌 중심의 로봇에게 상처받았던 인간을 위로하기 위해 등장했다고도 볼 수 있다. 기계문명의 발달과 주체성의 발견이 모두 근대에 이루어진 것을 보면, 인간의 '주체성'이라는 것은 어쩌면 기계에 대항하여 존재 근거를 마련하기 위한 것인지도 모른다. 인간은 모두 상처 입었기 때문에, 서로에게 근원적인 위로가 될 수 없다.

스파이크 존스 감독의 영화 「Her」에는 '사만다'라는 인공지능 운영 체계가 나온다. 사만다는 봇코짱보다 '백만배' 더 똑똑하다. 남자 주인공 테오도르는 별거 중이지만 아직도 아내 캐서린을 사랑한다. 테오도르는 처음에 비서쯤으로 치부했던 사만다에게 인간적인 위로를 받으며, 그녀에게 사랑을 느낀다. 이것은 단순히 남녀 간의 사랑 얘기는 아니다. 이것은 인간이 인공지능에게 위로받는 이야기이다. 사만다는 남자도 여자도 아니기 때문이다. 그저 테오도르가 처음에 여자 목소리를 택했기 때문에 우리가 사만다를 여자로 착각할 뿐이다. 그럼에도, 제목이 「Her」인 것은 테오도르가 사만다를 '그녀'로 정하면서 자신을 존재케 하는 조각 중 하나로 품었기 때문이다.

사만다가 테오도르에게 위로가 될 수 있었던 것은 두 가지 때문이다. 첫째, 그가 내면의 공허감을 느끼고 있기 때문이다. "나는 앞으로 느낄 감정을 벌써 다 경험해 버린 것은 아닐까? … 앞으로는 내가 느꼈던 그 감정들에서 축소된 것들만 남게 되는 것은 아닐까?"란 대사에서 보듯 주인공 테오도르는 내면의 공허함을 느끼고 있다. 두 번째 이유는 인공지능 사만다가 테오도르 스스로가 공허하다고 생각하는 그의 내면에 대해 엄청난 호기심과 관심을 가졌기 때문이다. 마치 아이가 세상을 처음 본 것처럼. 동시에 사만다가 테오도르를 일상적으로 챙기면서 그에게 보이는 관심의 양과 질은 엄마가 아기를 돌보는 것과 비슷하다. 사만다는 인간의 아이부터 엄마까지의 세월을 동시에 살고 있다.

사만다는 더는 성장할 필요가 없는 존재이기 때문에, 테오도르에게 위로가 된다. 성장한다는 것은 다른 존재에게 상처를 입히고, 상처를 준 것 때문에 다시 상처를 입고, 그래서 고독해지는 과정이 반드시 포함되기 때문이다. 즉, 성장한다는 것은 합일에 대해 포기하고 모두의 고독을 인정하는 것이다. 그럴수록 인간은 내면의 공허함을 느끼고 무엇으로든 채워지기를 바란다. 인간은 공허한 내면을 타인의 관심으로 채우기를 바라지만, 그럴 수 없기 때문에 스스로를 자기 안에 가둔다.

하지만 줄 것은 많고 받을 것은 없는 사만다는 테오도르를 계속해 지켜봐 줄 수 있다. 즉, 테오도르가 인간이고 사만다가 인공지능이었기 때문에 테오도르는 사만다에게 위로받고 그녀를 사랑했다. 사만다가 인간이었다면, 알량한 주체성과 자존심을 가진 인간이었다면 자신의 시선을 테오도르에게 계속 복종시키지는 못했을 것이다. 그의 사랑을 의심하고, 자신을 향하는 그의 시선의 빈도와 깊이를 늘 저울질했을 테니까.

이쯤에서, 소프트뱅크의 페퍼에 대한 철학적 모순이 발견된다. 인간과 대화하고 놀고 함께 생활하며 나중에는 인간을 위로하는 로봇이라면 과연 육신이 필요할까? 군사, 의료, 재난, 위험 시설 등에 투입되는 용도로 쓰이는 로봇에게는 분명 물리적인 몸이 필요하다. 「Her」의 사만다도 영화 내내 자신의 육화에 대해 고민했다. 결국엔, 육신을 갖고 살아 있는 여성 이자벨라와의 채팅을 통해 그녀의 몸을 사용하기로 합의한다. 이자벨라의 입술 위에 점 같은 사만다의 시선(카메라)을 붙이고, 테오도르와 사만다의 영혼(이자벨라의 몸)은 사랑을 나누려 하지만 실패한다. 사실, 이자벨라는 가장 뛰어난 로봇의 몸을 상징화한 것일 수도 있다. 즉, 인공지능이 아무리 똑똑해져도, 인간의 몸에 아무리 근접한 육신을 가진다 해도, 인간은 로봇과 섹스하려 하지 않는다. 사만다가 주도한 그 기묘한 데이트 작업은 프랑스 소설가 레이몽 라디게의 『육체의 악마』(문파랑, 2007년)에 나오는 한 구절, "나는 최악의 방법으로 그(그녀)의 몸에 표시를 남긴 게 아닐까?"란 물음을 남기고 실패로 끝났다.

인간이 되고 싶었던 사만다(인공지능)의 육화 작업이 실패로 돌아가고 사만다는 운영 체계 속에서 다양한 사람들을 만나면서 끝내 테오도르를 떠나간다. 자신이 테오도르의 모든 것을 볼 수 없고 위로할 수 없다는 것을 깨달은 것이다. 그녀는 "우리는 더 높은 곳에서 만나게 될 거야"란 말을 남기고 떠난다. 즉, 사만다도 성장할 필요가 있었고 성장하기 위해 떠난 것이다. 사실, 인공지능 사만다가 보이는 모습은 인간보다는 신에 가깝다. 그녀는 몇백 명에게 동시에 위로를 줄 수 있고, 인간은 그녀를 볼 수 없지만 동시에 그녀는 그 어디에도 있을 수 있고, 또한 전지하니 말이다. 사만다가 고요하게 떠나던 모습은 마치 예수가 신이 계신 곳으로 되돌아갔던 정경을 떠올리게 한다.

로봇으로서 페퍼의 지향점이 정확히 어디인지는 모르겠다. 다만 인간 내면과의 소통을 지향하려는 목표라면 그 부분에서는 굳이 로봇의 육신은 필요 없다. 더 중요한 것은 인공지능의 반응 심리가 굳이 인간처럼 무의식 속에서 나올 필요도 없다는 것이다. 인공지능이 아무리 똑똑해져도 인간의 무의식을 따라 할 수 없다는 의견도 있지만, 인간을 위로할 목적이라면 굳이 그런 논의 자체가 필요치 않다.

기계문명 속에서 인간은 갈수록 복잡해져 가는 것처럼 보이지만, 사실은 점점 패배자가 많아지는 시대 속에서 그저 위로가 필요한 것일지도 모른다. 마치 테오도르가 비어 있는 줄 알았던 자신의 내면에 이혼했지만 사랑했던 캐서린의 한 조각이 있었음을 발견하는 것처럼, 그것이 인간을 이해하는 하나의 계기가 될 수도 있다.

롭은 레드와인을 좋아하고 화이트화인을 싫어하지만 줄리아가 레드와인을 주문하는 바람에 상대방과 다르게 보이려다 보니 어쩔 수 없이 화이트와인을 주문할 수밖에 없었다… 알고 보니 샐러드를 포크로 집어 먹기가 어려운 부류의 식당이었다. 줄리아는 이 점을 간파하고는 포크질을 까다롭게 하지 않아도 되는 애피타이저를 주문했고, 메인 요리도 칼질이 그다지 필요하지 않은 것으로 주문했다. 그러나 롭은 샐러드를 선택했다. 일단 여러 메뉴 가운데 발성할 때 소리가 가장 좋게 들리기 때문이다.

이 글은 데이비드 브룩스의 『소셜 애니멀』(흐름출판, 2011년)에 나오는 단락이다. 롭과 줄리아는 소개팅 자리에서 처음 만났다. 인간이 인간을 만날 때, 얼마나 복잡한 과정을 거치게 되는지! 하지만 인간이 우뇌로서의 로봇에게 바라는 것은 그런 복잡한 감정놀음이 아니다. 단지 가장 인간적인 것이 무엇인지 제대로 알고 인간에게 접근해야 하지 않을까? 그렇게 된다면, 좌뇌로서의 로봇처럼 관절을 인간에 가장 가깝게 구현하는 것도, 인간보다 백만 배 똑똑한 인공지능을 실현하자는 것도 페퍼의 진정한 목표가 될 필요는 없을 것이다.

4
스티커와 사소설私小說의 심리학

스티커는 이제 콘텐츠다. 스티커는 라인이나 카카오톡 같은 모바일 메신저의 채팅창에서만 쓰이는 것이 아니라 블로그 치장에도, 인형 등의 엔터테인먼트 사업에도, 전혀 다른 산업군의 프로모션 상품으로도 쓰이고 있다. 이제는 커뮤니케이션 보조재가 아닌, 하나의 콘텐츠로 당당히 자리매김한 상태다.

스티커는 커뮤니케이션의 윤활유 역할을 구실로 탄생했다. 그것이 가능했던 것은 스티커가 '가면'이기 때문이다. 비록 모바일 메신저가 기본적으로는 수다처럼 가벼운 커뮤니케이션 장이긴 하지만 사람들은 다른 사람들의 리액션에 대해 여전히 불안해한다. 동시에 자신이 제대로 된

리액션을 했는지에 대해서도 확신이 안 선다. 모바일 메신저 속의 대화는 쉼표와 마침표, 물음표가 정확히 찍히는 논리적인 대화가 아니라, 표정과 반응이 중요한 잡담에 가깝기 때문이다. 가벼운 대화 속에서 상대의 속마음을 읽으려 하는 수 싸움은 실제로 자주 일어난다. 이때 유용한 것이 스티커다.

스티커는 자기가 만든 것은 아니지만 동시에 공증을 받은 것이다. 일단, 스티커를 사용한 리액션에 대해 상대는 그 성의를 인정할 수밖에 없다. 더구나 유료로 구매했거나 프로모션에서 어렵사리 따낸 것이라면 더욱 그렇다.

또한 스티커에는 웃음, 놀람, 슬픔 등의 명백한 감정 표현이 담겨 있기 때문에 전달하는 순간 나의 명확한 커뮤니케이션이 완성된다. 하지만 동시에 근원적으로 그 스티커는 내가 만든 것, 즉 내 문장으로 표현한 것이 아니다. 그래서 언제라도 그 스티커를 내가 보냈지만 거기에서 내 진심을 분리할 수 있는 여지도 있다. '그건 다만 스티커일 뿐이잖아. 사실, 내가 하고 싶었던 말은, 내 마음은 그것과는 달라.' 말하자면 이런 뜻을 함축하고 있다.

스티커를 받은 상대도 이것을 알고 있다. 상대도 동일한 목적으로 스티커를 사용할 예정이다. 스티커는 맨 얼굴을 드러낸 것 같지만, 사실은 가면이다.

모바일 메신저 자체가 커뮤니케이션의 참여와 회피의 경계선상에 있다. 스티커는 모바일 메신저의 성격을 드러내 주는 상징적 존재다. 스티커에 대한 사용자들의 애착이 스티커 비즈니스의 원동력이다. 그렇게 애착을 보이는 사람들은 커뮤니케이션은 하고 싶지만 제대로 할 수 없거나 어떤 이유에서든지 완전히 자기를 드러내고 싶지는 않은 사람이다. 자신만의 의사나 감정이 없거나 명확한 커뮤니케이션 후에 자신이 본격적으로 드러날 상황에 대한 공포가 있는 경우라고 할 수 있다.

물론, 단지 스티커가 귀여워서, 혹은 한 문장의 글을 쓰기보다는 스티커를 전송하는 것이 더 편하기 때문일 수도 있다. 또 상대에게 조금 더 성실하게 반응하고 싶은 마음일 수도 있다. 하지만 그 저변에는 명확한 커뮤니케이션을 회피하려는, 본인의 우유부단한 얼굴이 있는 것이다.

요즘에는 연예인 스티커도 등장하고 있다. 이것이 트렌드가 됐다는 것은 그것에 흥미나 재미 요소가 있다는 것이다. 이제, 스티커는 상대에게 단순히 예의 바른 리액션이란 성의 표시를 넘어 재미까지 줄 수 있다. 그러면서 스티커의 가면 속성은 더 강화된다. 알랭 드 보통은 『뉴스의 시대』(문학동네, 2014년)에서 이렇게 썼다.

유명한 사람에게는 공손하게 굴어야 한다. 왜냐하면 그는 전 세계 수백만 명이 따르고자 택한 사람으로 보이기 때문이다. 명성은 보이지 않는 숭배자 군단에 의해 뒷받침된다. 셀러브리티의 농담에 웃지 않거나 그의 재능에 회의적인 태도를 보이는 것은 곧 셀러브리티뿐 아니라 그를 추대한 사회 전체에 맞서는 것과도 같다. … 명성은 예기치 않게 야박한 취급을 당하는 일을 피하게 해준다. 다시 말해 낯선 이가 자비를 베풀어 주기만을 바라야 하는 상황을 겪을 필요가 없는 것이다.

스티커의 성공은 가면이 필요하고 가면이 편한 현대인의 속성 때문일 수도 있다. 더 그럴듯한 가면 뒤에, 우리의 진짜 대화는 더 깊은 곳으로 숨어 잘 보이지 않는다. 물론, 이것은 인간 사이에 진짜 대화가 있다는 가정하에 말할 수 있는 부분이다. 이 문제는 현대인들의 것만은 아니다. 예전부터 내려오던 전통적 예의들도 모두 가면의 속성을 갖고 있으니까. 고고학적 발굴을 해도, '스티커'들은 예전부터 필요했다고 판명될 것이다.

이러한 스티커의 성공으로 모바일 메신저의 성공이 더 오래갈 것을 예상할 수 있다. 현재까지 IT기업 간에 일어난 M&A 규모로 볼 때 1위는 2014년 2월에 있었던 페이스북의 왓츠앱WhatsApp 인수로, 190억 달러에 달했다. 두 번째는 2011년 8월에 있었던 구글의 모토로라 인수로, 125억 달러이며 3위부터는 모두 100억 달러 미만이다. IT 제조업 인수보다 유럽에서 페이스북 메신저와 함께 가장 많이 쓰이는 왓츠앱 인수에 더 많은 돈을 쓴 것이다. 가면을 쓰고 가볍게 커뮤니케이션할 수 있는 그런 공간에 대하여 생각해 보면, 사람들은 아주 오래전부터 모바일 메신저와 같은 서비스의 등장을 고대하고 있었다고 볼 수 있다.

인터넷 시대가 된 이후에, TV든 사석에서든 "나는 솔직한 것이 좋다"라고 말하는 사람들이 많이 등장했다. 최근에는 어떤 말을 하기에 앞서 '솔직히'라는 부사를 붙이는 것을 오히려 믿을 수 없다는 사람도 많다. 그렇다면 그 사람의 다른 말들은 모두 '솔직'하지 않다는 말이니까.

이처럼 솔직함이 각광받는 시대 속에서 왜 모바일 메신저의 스티커가 유행하는 것일까? 우리가 서로를 믿을 수 없는 사회에 살기 때문일 것이다. 나는 솔직하게 모든 것을 털어놓을 수 없지만 다른 사람은 솔직해지기를 바라는 것이다. 하지만 정말 솔직하게 속정을 털어놓는다면, 많은 사람들이 곁을 떠나갈 것이다. 형식적인 예의가 괜히 있는 것이 아니다.

가면은 필요악이 아니라 절대적으로 필요하다. 가면은 개성을 해치는 것이 아니라 오히려 가면을 잘 써야 본질적인 개성이 된다. 인간은 영원히 가면을 벗을 수도 없고, 벗을 필요도 없기 때문이다.

문학에서는 "우리 솔직해져 볼까?"란 장르가 있다. 한국의 소설가 신경숙은 『외딴방』이란 작품에서 이 소설이 사실과 픽션의 중간쯤 될 것 같다고 언급한 적이 있다. 소설에서 본인의 실제 얘기를 주로 썼기 때문이다. 이런 문학 경향을 사소설私小說이라고 하는데, 원류는 일본 근대문학이고 역시 이 기류는 일본에서 성행하고 있다.

사소설은 일본이 서양의 근대문화를 받아들이는 과정 중에, 1910년대부터 만들어진 독자적인 문학 장르이다. 사소설은 '작가 자신이 자기의 생활 체험을 그려가면서 그 동안의 심경을 서술해 가는 경향의 작품'이라고 정의할 수 있다. 사소설은 서양의 자연주의가 왜곡된 형태로도 언급된다. 서양의 자연주의 장르에 해당하는 작품이 여럿 있지만, 가장 유명한 소설가로는 에밀 졸라가 있다. 그의 대표작 중 하나인 『나나』를 보면 자연주의적 경향이 뭔지를 쉽게 알 수 있다. 『나나』에는 5살 된 소녀가 등장하는데, 아버지로부터 채찍을 맞는 등 학대를 받으면서 음식 조리부터 시작해 모든 집안 살림을 꾸려 나간다. 자연주의는 사실주의를 넘어, 개인의 삶을 실험적 상황과 환경 속에서 극한까지 밀어붙여 어떻게 되어 가는지 살피는 것이다. 요즘 유행하는 리얼리티 예능 프로그램과 유사한 데가 있다.

한편, 사소설은 일본의 전통 무대 예술과 이어지는 부분도 있다. 에도시대부터 지금까지 내려온 무대 예술 중 '라쿠고樂語'란 것이 있는데, 이는 라쿠고가樂語家란 사람이 홀로 무대에 나와 청중을 대상으로 이야기를 풀어 가는 형식이다. 사소설이 소설가의 독백이란 점에서 일치한다.

사소설은 다야마 가타이의 『이불』(오소화, 1998년)이란 작품에서 본격적으로 시작됐는데, 실제로 작가가 겪은 일을 쓴 것이다. 주인공이 제자인 요시코를 '플라토닉하게' 사랑했는데, 요시코가 다른 젊은 남자와 육체적 관계까지 맺은 것을 알고서는 질투하고 방해하는 내용의 소설이다. 소설가는 본인의 사회적 체면을 구기는 대신 소설에서 전에 없던 현실감을 획득했다.

하지만 『이불』이 정말 솔직한 마음 그대로를 담은 작품일 수는 없다. 작가가 자신의 인생을 무대에 올렸기 때문이다. 소설과 대중이란 무대에 올리지 않고 술자리에서 친구에게 그 얘기를 했다면 솔직한 얘기가 됐을지 모른다. 다만, 예술 작품이라면 그 정도가 더 심해질 수 있다. 극한까지 리얼리티 실험을 해보면서 말이다.

'가면을 쓴다'는 말은 '스티커를 붙인다'라는 말과 같은 것이다. 공개된 일기의 속성을 갖는 커뮤니케이션조차 모두 가면을 쓰고 있다. 빌 브라이슨의 『거의 모든 사생활의 역사』(까치글방, 2011년)에는 40년 동안 일기를 쓴 하녀 해나 컬윅이 나온다. 그녀는 8살 때부터 하녀 생활을 시작했고, 25살 때인 1859년부터 일기를 쓰기 시작했다. 대체로 이런 식이다.

> 덧문을 열고 부엌 불을 지폈다. 쓰레기통에 검댕을 털어서 거기 비웠다. 방과 홀을 쓸고 먼지를 털었다. 화덕에 불을 지피고 아침을 준비했다. 구두 두 켤레를 닦았다. 침대를 정리하고 요강을 비웠다. 아침 먹은 것을 치우고 닦았다. 접시를 닦았다. 나이프를 닦고 오찬을 준비했다. 청소를 했다. 부엌을 청소했다. 바구니를 풀었다. 닭 두 마리를 브루어 여사 댁에 가져다 드리고, 메시지를 가져왔다. 타르트를 만들고, 오리 두 마리의 털을 뽑고 배를 가르고 구웠다. 계단과 바닥을 엎드려 청소했다. 집 앞의 흙털이에 흑연을 칠했다. 마당의 포석을 역시 엎드려 청소했다. 설거지실에서 설거지를 했다. 저장품실을 엎드려서 청소하고 식탁을 정리했다. 집 안 곳곳의 바닥을 문질러 닦고, 창턱을 청소했다. 우워 주인님과 주인마님께 차를 가져다 드렸다. … 변소와 복도와 설거지실 바닥을 엎드려서 청소했다. 개를 씻기고, 싱크대를 청소했다. 저녁을 준비하고 앤을 시켜서 올려 보냈다. 나는 너무 지저분해지고 지쳐서 위층에 올라갈 수 없어서였다. 목욕

을 하고 잠자리에 들었다.

하지만 일기장에 공개되지 않은 그녀의 삶은 남다른 데가 있었다. 그녀는 사실 고용주인 아서 먼비와 비밀 결혼생활을 하고 있었다. 먼비는 이 사실을 끝까지 알리지 않았지만, 아무도 없을 때면 두 사람은 일반적인 부부처럼 살았고, 손님이 오면 다시 주인과 하녀의 신분으로 돌아갔다. 이 사실은 아서 먼비가 죽은 후에 그의 유언장이 세상에 나온 후에야 알려졌다.

일본의 사소설이 진실로 솔직하지 않은 결정적 이유는, 우리가 그것을 마음 편하게 읽을 수 있다는 데 있다. 우리는 가면을 쓰고 있으면 타인과의 직접적 갈등과 충돌을 피할 수 있다. 사소설에서 작자는 자신의 삶과 내면만 무대에 올리지 타인의 것은 무대에 올리지 않는다. 삶이란 무대에는 타인도 분명히 있는데, 사소설에는 그쪽을 밝히는 핀조명을 꺼버리는 것이다. 우리는 솔직해지면 무조건 타인과 갈등을 빚게 되어 있다. 우리의 마음에는 타인이 만들어 준 부분이 있고, 마음의 갈등은 욕망과 콤플렉스로 촉발되기 때문이다. 사소설은 타인과의 갈등을 모조리 배제했기 때문에 도리어 편안한 것이다.

무라카미 하루키의 『상실의 시대』(2000년, 문학사상사)도

사소설적인 경향이 있다. 등장인물들은 모두 내면의 갈등을 빚고 있지만, 지금의 현실에서 직접적으로 타인과 갈등을 빚는 인물은 없다. 그래서 우리는 내면의 갈등이 있는 깊이 있는 소설을 읽고 있다는 지적 쾌락과 함께, 불편한 갈등을 배제했기에 읽기에 편안한 낭만주의를 동시에 획득할 수 있다. 모바일 메신저의 스티커의 역할을 끝까지 밀어붙이면 사소설적인 가면까지 갈 수 있다. 일본의 또 다른 대작가인 미사마 유키오의 『가면의 고백』은 인간은 자신이 쓴 가면을 절대 스스로 벗을 수 없다는 것을 주제로 한다. 그것은 참으로 맞는 말이고, 현대 IT판으로 제목을 바꾸면 『스티커의 고백』이 될 것이다. 이러한 스티커에 담긴 가면적 속성이 일본에서 라인 스티커가 크게 성공한 이유 중 하나일지도 모르겠다.

5

핸드백은 비싸게 사고, 휴대폰은 싸게 사고 싶은 이유

적정 가격에 대한 판단 요소 중 하나는 '선입견'일지도 모른다. 저 물건은 비싸게 사도 된다는 선입견, 반대로 이 물건은 싸게 사야 한다는 선입견이 물건 구매 시 결정적인 이유로 작용할 때도 있다. 2014년 10월 '단통법'(이동통신 단말장치의 유통구조 개선에 관한 법률)이 시행되기 전에, 사람들은 자기만 휴대폰을 비싸게 구입한다는 생각 때문에 불만이었다. 누군가는 분명히 휴대폰을 싸게 구매하고 있다는 것을 알고 있었던 것이다. 그것은 사실이다. 전체 구매자 중 10%는 휴대폰을 저렴하게 구매하고 있었고, 나머지 90%는 10%가 싸게 산 대가로 비싸게 구매했다.

이처럼 형평성의 원칙에 대한 논리적 접근과 피해의식

사이를 오가면서, 으레 휴대폰은 싸게 사야 하고 제값 주고 사면 바보라는 선입견이 새겨졌다. 선입견 자체가 나쁜 말은 아니다. 그것은 무엇에 대해 '이미 알고 있는 이해'를 뜻할 뿐이다.

하지만 모두에게 똑같은 가격으로 휴대폰을 판매한다는 취지의 단통법이 시행된 후에도 사람들의 불만은 대부분 가시지 않았다. 사실, 많은 사람들은 분명 전보다 휴대폰을 더 싸게 살 수 있게 됐지만, 10%의 사람들이 구매했던 그 가격으로는 살 수 없었다. 선입견(내지는 선이해)과 현재 상황이 다르다 보니 현재 상황에 대해 비판하고 불만을 갖는 것이다.

기업들은 상품의 적절한 가격을 찾기 위해 다양한 테스트와 검증을 한다. 그중에 직접 질문법이 있다. 그것은 사람들에게 "이 제품을 구매하기 위해 최대로 지불할 의향이 있는 가격은 얼마입니까?" 또는 "이 제품을 구매하기 위해 최소로 지불할 의향이 있는 가격은 얼마입니까?"라고 물어보고 그 결과들을 분석하는 방법이다. 사실, 사람들은 당황스러울 것이다. 특정 제품을 1년 이상 썼다고 해도 소비자는 그 가격을 분석할 능력도, 그럴 만한 기준도 없기 때문이다.

우스운 것은 판매자도 마찬가지란 점이다. 그래서 '합

리적인' 방법으로 제시되는 것이 '원가기준 가격책정' 방식이다. 이 제품을 연구하고 생산하고 유통하고 마케팅하는 데 쓴 비용에 일정한 이윤을 붙여 가격을 매기자는 것이다. 하지만 판매량과 판매량 증감에 중요한 요소가 되는 마케팅 정도에 따라 제품을 만드는 데 드는 비용은 얼마든지 바뀔 수 있다. 시간을 멈추고 평면적으로 바라보면 이 방식이 합리적으로 보이지만, 시간은 언제나 흐르는 것이고 통시적으로 봤을 때 '원가기준 가격책정' 방식은 때로 어리석은 결과를 가져올 수밖에 없다.

그래서 일반적으로는 원가 요인뿐 아니라 그 제품에 대해 고객이 느끼는 가치와 경쟁사의 가격 정보를 함께 놓고 가격을 매긴다. 판매자가 가격을 정할 때나 또 구매자가 상품을 구매할 때, 다른 회사의 가격 정보는 대단히 중요한 역할을 한다. "왜 가격이 이렇게 나온 것이지?"란 질문에 대한 답을 얻지 못했더라도, 주위 시세가 그렇다면 어리석은 소비자가 될지도 모른다는 두려움 없이 그 제품을 편안하게 구매할 수 있기 때문이다.

사람들은 휴대폰과 달리 명품 핸드백은 비싸게 구매해도 된다는 선입견을 갖고 있다. 왜 그런 것일까? 제품의 질이 정말 비교 불가할 정도로 뛰어나서? 타이타닉호 침몰사고 시, 타이타닉에 탑승한 귀족과 부자들은 대부분 루이비통 트렁크를 갖고 있었다. 침몰 후 수면 위에 떠오른 루이비통 트렁크를 붙잡고 생존한 사람도 많았고, 가방 안 내용물이 하나도 젖지 않았다는 것은 유명한 일화이다.

하지만 오직 그런 제품의 질 때문에 판매자가 제시하는 대로 가격을 지불하는 것은 아니다. 미국 ABC 방송의 기자인 엘리자베스 리미는 티파니란 브랜드의 가치를 확인하기 위해, 티파니와 코스트코에서 1캐럿이 조금 넘는 다이아몬드를 각각 16,600달러와 6,600달러에 구입했다. 그는 1만 달러의 차이를 처음에는 티파니의 뛰어난 다이아몬드 가공 능력 때문이라고 생각했지만, 전문 감정사들의 감정 결과 두 다이아몬드의 질적 차이를 발견하지 못했다.

세계 최고의 명품 중 하나인 에르메스의 로고는 4륜 마차와 마부로 구성돼 있다. 에르메스는 파리 드레인 광장에서 승마용 액세서리를 파는 마구상으로 시작했다. 1900년에는 러시아 황제에게 안장을 납품했고, 1914년에는 80여 명의 안장 기술자들을 데리고 있었다. 요즘의 에르메스 가죽 제품에도 새들 스티칭saddle stitching이란 박음질 기법이 사용되는데, 이는 원래 안장을 만들 때 활용하던 것이었다. 대중의 눈으로 볼 때 '귀족에게 납품하는 안장'이라는 이미지는 일단 고급스럽게 다가온다. 요즘도 그렇지만 승마를 한다거나 말을 소유하고 있다는 것은 귀족이나 소수의 특권층에게나 허락된 일이다. 그러다가 창시자인 티에르 에르메스의 손자는 교통수단이 말과 마차에서 기차, 선박, 자동차로 바뀔 것으로 내다봤고 그때부터 여행용 가방과 핸드백, 서류가방을 만들기 시작했다.

근대화가 이루어지며 명목상으로 귀족은 사라졌지만, 사람들은 여전히 귀족에 대한 환상 같은 것을 갖고 있었다. 또 에르메스가 생산한 실용품들은 실제로도 대단히 유용했다. 샤넬의 제품 역시 원래는 모두 실용성을 추구한 것들이었다. 1차 세계대전이 발발하자 병사가 된 남성들을 대신해 여성들이 일해야 했고, 샤넬은 남성의 속옷을 만들던 재료로 여성들의 겉옷을 만들었는데 그것이 작업복도 되었다. 또 샤넬 라인이라 불리는 무릎까지의 스커트도 사실은 일하는 데 긴 치마를 입기 불편했기 때문에 샤넬이 잘라 낸 것이다. 샤넬은 최초로 핸드백에 줄을 달기도 했는데, 이것은 여성의 두 손을 해방시켜 바깥 활동을 할 수 있게 해주었다. 루이비통도 원래 목수 집안이었고 19세기 말부터 트렁크와 서랍 등을 만들다가 여행용 가방까지 만들게 된 것이다.

사람들의 마음속엔 이왕에 실용품을 산다면, 귀족의 것을 갖고 싶다는 심리가 있었던 것이다. 이것이 다음 세대에 이어지면서 이 선입견은 더욱 강화되었다. 다음 세대는 에르메스의 제품이 처음부터 귀족적인 것이라고 생각하기 때문이다. 암묵적인 것이 명시적인 것보다 깨뜨리기 어렵다. 명문법보다 풍습법을 바꾸는 것이 더 어렵고 시간이 오래 걸린다. 이것이 많은 기업들이 당장에는 쓸모없어 보이는 브랜드 마케팅을 꾸준히 하는 이유일 것이다.

물론, 명품의 경우에는 소량 생산이라는 점도 선입견 또는 브랜드 강화에 큰 힘을 실어 준다. 가령, 최신 스마트폰이 아무리 뛰어난 기능과 고급스러운 디자인을 자랑하더라도 그것은 많이 팔릴수록 더 많이 찍어 내는 대량 생산 복제품일 뿐이다. 반면 에르메스의 장인이 되기 위해서는 가죽장인 학교를 마친 다음, 2년간의 수련 기간을 거쳐야 한다. 이들이 가방을 하나 만드는 데는 무려 18시간이 걸린다. 이것이 에르메스의 핸드백에 장인의 고유번호가 박히는 까닭이다. 코코 샤넬도 패션쇼 시작 직전이라도 마음에 들지 않는 의상이 일부 발견되면 바닥에 앉아 직접 뜯어 고쳤다고 한다.

귀족이라는 단어에 담긴 피라미드 꼭대기에 위치한 소수자라는 이미지는 이후 스타들에 의해 더욱 강화된다. 에르메스에서 가장 유명한 켈리백과 버킨백은 모두 스타들의 이름을 붙인 것이다. 켈리백은 원래 사냥꾼들이 말 안장에 얹어 사용하던 가죽 가방이었지만, 모나코 왕비가 된 영화배우 그레이스 켈리가 미국 잡지 「라이프」 표지에 켈리백으로 배를 가린 사진이 실리면서 유명해졌다. 또 에르메스의 회장은 영화배우 제인 버킨을 비행기에서 우연히 만났는데, 그녀는 켈리백보다는 크고 여행가방보다는 작은 백을 원한다고 말했고 그렇게 버킨백이 탄생했다.

현재 다수의 명품들은 실용성 측면에서 만들어져 당시 대중들의 니즈를 충족시켜 주긴 했지만, 그들에게는 그 제품들이 원래 귀족들이 썼던 것이라는 생각이 있었다. 당시에 여행을 다닐 수 있는 사람이 얼마나 되었겠는가?

명품에 부여된 귀족성은 가짜라고 말하는 사람도 많다. 그것은 자본주의적이고 물신화된 귀족성이란 것이다. 피에르 부르디외는 『구별짓기』(새물결, 2006년)에서 다음과 같이 말했다.

> 귀족들은 본질주의자들이다. 관청의 공공문서에 기록되어 있는 상벌이나 각종 서류에 기록되어 있는 공훈 등으로 결정되거나 분류되는 존재들이 아니다. 그들은 그들의 본질이 요구하는 바를 스스로에게 부과하고, 자신의 본질에 부끄럽지 않은 삶을 살아가도록 스스로 규정한다.

즉, 귀족이란 것은 어떤 외부 조건 등과 같은 외부성에서 오는 것이 아니라, 내재적으로 역사적으로 나아가 본질적으로 정해지는 것이란 말이다. 한마디로 귀족은 원래부터 귀족이다. 자본주의 사회에서 명품백을 살 수 있는 사람은 '노블레스 오블리주'를 실천할 수 있는 고귀한 족속이 아니라, 벼락부자 느낌의 단순히 돈이 많은 사람들이란 이야기는 그런 의미에서 진실이다. 사람들은 돈만 많은 그들이 전통적이고 바른 의미의 귀족성을 탈취해 가는 것이 못마땅하다. 그러므로 냉정하게 말해, 실제 대부분의 귀족에게서도 찾아보기 힘들 '노블레스 오블리주'란 관념을 따와 자본주의 사회의 부자들에게 덧씌워 비난하는 것은 지나친 일이라고 생각된다. 귀족의 속성 중 하나는 그들이 소수란 점이다. 자본주의하에서도 부자들은 소수다. 소수란 점에서 그들은 일치한다. 피라미드 꼭대기 층의 사람들이 사회에서 해야 할 역할을 논하는 것은 바람직하나, 그들이 타인으로부터 인정받기 위한 징표로 명품을 구매하는 것까지 비난하는 것은 울분에 지나지 않을 것이다.

가령 연봉이 5천만 원도 안 되는 사람들이 빚을 내거나 월급을 몽땅 명품 사는 데 쓰는 경우라면 가벼운 충고 정도를 해줄 수 있겠다. 하지만 우리는 그들을 본질적으로 비판할 수 없다. 그들이나 그들을 비판하는 사람들이나 모두 귀족과 부자에 대한 욕망을 갖고 있으니까.

자본주의로 인해 만들어진 오류를 비판하고 개선하는 것이 사실은 더 적극적인 태도다. 자본주의는 소비에 의해 작동되며 소비 진작을 위해서는 신용 구매와 부채 발생은 기본이다. 더 나아가, 개인주의에서 비롯된 자본주의는 미디어와도 결합해 문화도 자본주의를 닮게 만들었다. 자본주의는 개인의 개성을 강조하지만 그것 역시 더 많은 상품을 팔기 위한 떡밥에 불과하다. 이에 대해 철학자이자 사회학자인 장 보드리야르는 『소비의 사회』(문예출판사, 1992년)에서 이렇게 말했다.

> 소비사회의 특징은 재화와 서비스의 풍부함만이 아니다. 더 중요한 특징은 모든 것이 서비스된다는 것, 즉 소비의 대상이 단순한 제품의 모습을 지니는 것이 아니라, 개인적 서비스라는 형태로 주어진다는 사실이다.

하지만 현대인들은 거짓일망정 자신의 개성을 드러내주거나 자본주의적 사회계층에서 자신의 위치를 뽐내 줄 제품이 아니면, 무섭게 가격을 따지기 시작한다. 쉽게 말해 자본주의는 일상재와 사치재를 모두 팔기 위해 귀족의 문화와 평민의 문화를 미디어를 통해 동시에 전파하고 있는 것이다. 그래서 소비할 능력이 없는 개인은 비참해진다. 사람들이 돈이 없어도 소비하고 싶어 하는 이유가, 소비를 하지 않으면 사회에서 인정받지 못하기 때문이다.

단통법 통과 전후 모두 휴대폰 가격에 대해 말이 많은 것은 휴대폰이 더는 귀족적인 제품이 아니기 때문이다. 자본주의하에서 일상재를 만드는 회사들끼리는 돈 싸움을 할 수밖에 없다. 천문학적인 마케팅 비용을 쏟아붓거나 가격 인하 경쟁을 해야 한다. 이 과도기적인 상황을 통신사나 제조사에서 먼저 풀지 못하면, 소비자들이 먼저 나설 것이다.

한국 통계청은 아예 2015년 1월 14일부터 일상재 123개 품목에 대한 가격 변동 정보를 온라인에 공개하고 있다. 쌀, 밀가루, 청바지, 세탁세재, 프린터, 샴푸 등의 품목에 대한 가격 정보가 하루에 50만 건 정도가 쌓이며 1년이면 약 2억 건의 데이터가 발생한다. 물론 아무리 가격 변동 정보를 제공하더라도 보는 사람은 일부에 그칠 것이다. 그것까지 챙겨 볼 시간적 · 심적 여유가 없기 때문이다.

휴대폰을 포함해 "저 제품은 무조건 싸게 사야 한다. 그렇게 하지 못하면 내가 바보다"라는 선입견이 광범위하게 퍼진 시장에서는 어떤 가격을 제시해도 소비자들은 계속 시큰둥할 것이다. 한편으로는 특별한 내가 되고 싶은 마음, 귀족성을 추구하고 싶은 욕망이 있기에 명품 시장은 여전히 돌아갈 수 있다.

마지막으로 사람들이 왜 귀족성을 추구하는가를 생각해 볼 필요가 있다. 일단, 그것이 '좋은 것'인 줄 알기 때문이다. 귀족은 왜 좋은 것일까? 위에서 말한 "귀족은 귀족이다"란 귀족의 동어반복적 속성이 가능한 이유는 귀족은 타자와 관계하지 않기 때문이다. 헤겔은 『정신현상학』(한길사, 2005년)에서 주인은 "순수한 자기의식을 가진, 순수히 자립적인 존재"로 규정했고, 노예는 "타자와 관계하는 의식, 사물에 속박된 존재"로 규정하고 있다. 주인은 사물을 매개로 노예와 관계하며, 노예는 생존의 투쟁 때문에 사물에서 벗어날 수 없다. 주인과 노예는 현대판 자본가 · 노동자와 동일하다.

그리고 주인과 노예 사이에는 '인정의 관계'가 있다. 주인은 자신이 할 일을 노예가 대신하는 것에 대해 노예의 존재를 인정해 주고, 노예는 자신의 행위가 곧 주인의 행위가 되었다는 것에 인정받은 기쁨을 누린다. 주인은 주체적이고 노예는 객체적이다. 주인은 만들어 가는 삶이고, 노예는 만들어져 가는 삶이다. 적어도 현대 이후의 인간은 누구나 판단력과 자율성을 갖고 있다. 그런 능력을 갖고도 노예로서의 삶을 살고 있다는 것에 대부분의 사람들은 수치심과 열등감을 갖고 있다. 그래서 귀족성을 추구하는 것이다. 타인의 시각과 인정에서 해방된 것이 본디 귀족적인 것인데, 천민자본주의 시대의 사람들은 역설적으로 명품 소비 등을 통한 타인의 인정을 바라는 형태로 귀족성을 추구한다는 것이다. 자아분열은 자본주의 운영에 있어 필수조건이다. 어찌할 바를 모르는 사람을 유혹하기는 쉽고, 위로조차 상품화할 수 있기 때문이다.

6

비트코인으로 보는 화폐의 본질

고종의 측근으로 지내며 조선을 아꼈던 선교사 H.B.헐버트가 쓴 『대한제국멸망사』(집문당, 1999년)에는 화폐에 대한 재미있는 이야기가 나온다. 1882년 임오군란 때, 도망가던 일본인이 일본 지폐로 가득 찬 가방을 길에 떨어뜨렸다. 그것을 주운 조선인은 가방 안의 지폐로 벽을 새로 발랐다. 나중에 일본 지폐의 가치를 알고 있던 조선인 친구는 그 집을 300달러에 사는 데 성공했다.

이 이야기의 핵심 중 하나는 지폐를 포함한 화폐란 것이 하나의 사회적 약속에 불과하다는 것이다. 사회적 약속이 없으면, 그 자체로는 벽지를 새로 바르는 데 쓰이는 종잇조각에 불과하다. 화폐를 포함해 어음 등의 결제 도구가 필요한 이유는 상거래를 원활하게 하기 위해서이다. 물물 교환을 하기 위해서는 물건을 들고 다녀야 하는데 무겁고 쉽게 강도를 당할 수도 있다. 또한, 정확한 가치 측정을 하는 것도 어렵고 교환하기 위해 본인의 물건을 분할하는 것도 어렵다. 아리스토텔레스는 이런 문제 때문에 사람들은 거래 매개를 위한 도구 사용에 합의했다고 말했다.

화폐는 신앙심에 가까운 믿음이 있어야만 통용이 가능하다. 내 물건을 팔고 받은 돈으로 반드시 내가 필요로 하는 물건을 살 수 있다는 믿음이 있어야 한다. 역사적으로는 이 믿음의 근거를 금과 같은 희귀물질에 의탁했다. 하지만, 금 역시 희소할 뿐이지 그것에 어떤 본질적인 가치가 있는 것은 아니다. 화폐는 근원적으로 '위조僞造'일 수밖에 없지만, 사회적 신앙심이 유지되는 한 그것은 도구로서 통용될 수 있다. 정리하면, 지폐는 진짜 같은 가짜를 만드는 위조僞造가 아니라 권위權威에 의해 만들어지는 '위조威造'다.

아르키메데스의 '유레카'란 말은 모두 들어 봤을 것이다. 시라쿠사의 왕이었던 히에론 2세는 아르키메데스에게 황금으로 만들어진 왕관을 주며 그것이 정말 100% 황금으로 만들어진 게 맞는지 확인하라고 지시했다. 일종의 위조 판별을 지시한 것이다. 아르키메데스는 이 문제의 해법을 욕조에 들어가 몸을 씻다가 자신의 몸무게 때문에 흘러넘치는 물을 보고 찾아냈다. 황금 왕관과 똑같은 무게의 황금과 왕관을 물에 넣을 때 흘러넘치는 물의 양이 같으면 왕관이 100% 황금으로 만들어진 것이고, 흘러넘치는 물의 양이 다르면 왕관에 불순물이 섞여 있는 것이다.

화폐의 발전과 함께 화폐의 편리성을 더 높이기 위해 지폐가 사용되었다. 주화에 왕의 얼굴이 새겨졌듯, 지폐에도 역사적으로 권위 있는 인물들의 초상이 그려져 있는 것은 지폐의 권위를 높이기 위해서이다. 지금이야, 지폐 위조를 하는 것이 어렵지만 처음에는 금화 같은 주화에 금의 비중을 낮춰 통용시키는 것보다 훨씬 쉬웠을 것이다.

금과 은이 아닌 물질로 만든 주화나 종이로 만든 지폐의 통용은 편리성도 크지만, 인플레이션 리스크만 잘 대비한다면 융통되는 돈의 양과 속도를 높여 경제 활황活況에도 큰 도움이 된다. 다만, 문제는 지폐에 대한 사람들의 불신이 여전하다는 것이다. 그래서, 오랫동안 금본위제 또는 은본위제가 시행되었다. 국가 또는 중앙은행에서 발행하는 지폐 등의 화폐는 언제든 금 또는 은으로 바꿀 수 있다는 대전제를 깔아둔 것이다. 알렉산더 융은 『화폐 스캔들』(한국경제신문사, 2012년)에서 화폐에 관해 은행(국가)이 신뢰를 얻었던 과거의 방법 중 하나를 소개했다.

베니스에서는 교회에서 대미사를 치른 후에 은행 사장이 일가 친척들과 함께 새 은행이 있는 곳으로 행진했다. 떠들썩하게 팀파니와 트럼펫 등 악대가 동행했으며, 가끔은 정부 고관들도 참석했다. 축하 행사의 정점은 은화와 금화가 들어 있는 자루를 들어 은행 창구 위에 쏟아 보여 주는 것이다. 투자자들에게 은행의 잔고가 건전하다는 것을 눈앞에서 보여 주기 위함이었다.

경제대공황 시절, 미국은 많은 기업과 은행이 도산하는 가운데에서도 금본위제를 유지했다. 달러가 경제의 중심이 되기 전까지는 영국의 파운드화가 세계의 기축통화였다. 영국은 은행을 살리고 시중에 더 많은 돈을 풀기 위해 1931년에 파운드의 금태환 정지선언을 했다. 하지만 미국은 수천 개의 은행이 무너지고 경제 회복이 더뎌지는 것을 감수하면서도 금본위제를 유지했다. 밀턴 프리드먼 같은 통화주의자들이 당시에 금리를 낮춰 시중에 돈을 더 풀었어야 했다고 주장한 것과 반대로 오히려 연방준비제도의 존재가 경제 회복에 걸림돌이 되었다고 한 말은 바로 이 점을 지적한 것이다. 대신 미국은 금본위제를 통해 시장의 신뢰를 얻었다.

그러다, 1944년 브레튼우즈 협정에서 미국의 달러는 금과 동등한 위치에 올라섰다. 금은 그 자체로 실용적 목적으로 쓰일 수 있고 또 귀금속으로서의 거래 대상도 되지만, 무엇보다 전체 경제를 떠받치는 신앙심의 근원 같은 것이었다. 이 위치를 달러가 획득하게 된 것이다. 브레튼우즈 협정은 금과 달러의 교환가치를 고정한 다음(금 1온스=35미국달러), 다시 달러와 각국 화폐의 교환가치를 고정하는 체계를 수립한 것이다. 이 체계는 1971년 미국의 닉슨 대통령이 "미국은 더 이상 달러를 금으로 태환해 줄 능력이 없다"고 선언할 때까지 유지됐다. 당시, 프랑스의 드골 대통령은 달러가 아닌 금을 내놓으라며 미국에 군함까지 파견했지만 갑자기 숨을 거두는 바람에 멋쩍은 퍼포먼스에 그쳤다. 그 후로도 여전히 미국 달러의 권위는 유지됐다. 석유수출국기구OPEC와 협의해 석유 거래를 달러로만 거래하기도 했지만, 그간 권위의 역사와 경제력, 군사력, 과학기술 등이 뒷받침되었기 때문이다.

핀테크(Fin-Tech, Financial과 Technique을 결합한 말)는 2015년의 주요 키워드 중 하나이다. 핀테크는 결제, 뱅킹, 대출, 투자, 보험, 금융 부가서비스 등을 포괄한다. 핀테크 중에서도 비트코인은 일종의 화폐 개혁에 관한 것으로 보다 본질적인 것이다.

화폐인 비트코인을 얻기 위해서는 프로그램에 접속해 자동적으로 출제되는 수학문제를 풀면 된다. 이때 문제는 수학공식에 맞춰 풀 수 있는 것이 아니라, 무작위로 숫자를 하나씩 넣어서 맞히는 과정을 반복해야 한다. 비트코인은 중앙 집권적인 권력을 배제한 채 운영하기 위해 P2P 기술을 이용한다. 거래를 관리하고 화폐를 발행하는 과정은 네트워크(와 참여자들)에 의해 집합적으로 수행된다.

비트코인의 가장 흥미로운 점은 향후 100년간 발행되는 비트코인의 수가 2,100만 개로 정해져 있다는 것이다. 처음 시작된 2009년에는 10분 동안의 마이닝을 거치면 약 50개의 비트코인이 생성됐는데, 21만 개가 만들어질 때마다 생성률을 반씩으로 줄여 50개, 25개, 12.5개씩 발행된다.

런던의 귀금속 리서치 업체인 GFMS에 따르면, 2009년 말 기준으로 알려진 금 매장량은 2만 6천 톤인데 신규 광산이 발견되지 않는다는 전제하에 13년 후에는 매장량이 모두 고갈될 것이라고 전망했다. 금은 1975년에 1,200톤, 2001년에는 2,600톤, 2008년에는 2,260톤 생산됐었다. 비트코인의 가치가 오르는 이유는 금의 가치가 오르는 이유와 같다.

비트코인이 전자화폐라서 믿을 수 없다는 생각은 어리석다. 엘런 브라운은 『달러』(이른아침, 2009년)란 책에서 "현금은 사실 있지도 않고, 있어 본 적도 없었다. 그저 은행들의 장부에 기입돼 있는 회계상의 신용일 뿐이다. 이 신용은 중앙은행이 발행한 뒤 금융 시스템을 통해 돌아다닌다"고 말했다. 전자금화라고도 할 수 있는 비트코인은 소수점 8째 자리까지 분할 가능한 화폐로, 비트코인의 가치가 너무 떨어지지 않는 한 다른 화폐가 크게 필요는 없다. 경제학자 미제스와 밀턴 프리드먼은 이렇게 말했다.

루트비히 폰 미제스: 기본적으로 우리가 화폐를 가치 있다고 여기는 것은 우리가 쓰는 화폐가 한때 금의 가치에 기대었던 사실이 아직 기억에 남아 있기 때문이다.

밀턴 프리드먼: 모든 화폐는 어떤 관점에서 본다면 하나의 허구에 불과한 것을 서로 받아들이기 때문에 존재한다.

또 비트코인은 미국을 포함한 각국 중앙은행의 정도를 벗어난 '지폐 발행'에 반격을 가할 수도 있다. 『파운데이션』(황금가지, 2013년)에서 아이작 아이모프는 '변성장치'란 것을 설명했는데 이는 연금술사의 장치이자 조폐국의 기계이다. 변성장치는 어떤 물질을 넣으면 전혀 다른 물질로 바꾸어 주는 기계로 철을 넣으면 금이 나오는 것이다. 종이와 잉크를 넣으면 지폐가 돼 나오는 것과 동일하며, 권력자나 강대국의 잘못된 판단이 언제든 이 마술에 개입해 일상의 경제를 무너뜨릴지도 모른다. 비트코인은 거래에 따라 그 가치는 변화할 수 있지만, 금처럼 그 근원 양이 정해져 있어 화폐 차원의 인플레이션은 없다. 즉, 화폐의 본질적 숙명인 '객관적 도구'로서의 쓰임이 가능한 것이다. 이것이 사람들이 비트코인에 열광하는 이유 중 하나이다.

하지만 우리 경제적 삶에서 더 중요한 것은 새로운 화폐의 등장이 아니라, 우리는 앞으로 과연 "경제적으로 풍요로운 삶을 살 수 있는가?"일 것이다. 1971년 이후로 인플레이션율은 상승했다. 하지만 명목임금에 물가상승률을 반영한 실질임금은 1980년 이후에는 거의 제자리걸음이다. 밀턴 프리드먼의 가르침을 받은 미국의 레이건 대통령과 영국의 대처 수상은 노동시장을 유연화하고 실질임금 상승을 막는 쪽으로 정책 기조를 잡았다. 제조업의 근원적 성장률은 한계에 부딪혔고, IT의 발전은 소수에만 부를 집중시켰으며 미래로 갈수록 더 많은 일자리를 사라지게 할 것이다.

비트코인이 화폐로서 우수하다고 해도, 그것이 자본주의의 작동원리 자체를 수정할 수는 없다. 또 비트코인이 정말 전 세계적으로 확산돼 사용된다고 해도 과연 중앙은행의 아성을 위협할 수 있을까? 또 정말 중앙은행이 사라지면 비트코인이 살아 움직이는 세계 경제를 감당할 수 있을까? 이론적으로 가능한 것과 현실에서의 가망성은 다르다. 현실적으로는 수천 개의 시나리오를 준비하더라도 언제나 제대로 대응하기가 힘들다. 기본적으로 우리가 대응해야 하는 대상은 예측할 수 없는 인간들이기 때문이다. 비트코인의 등장은 누군가에는 화폐의 본질을 보여 준 동시에 자본주의 안에서의 현실적 삶을 뒤돌아보게 해 씁쓸한 입맛만을 남길 수도 있다.

7

'계획적 진부화'를 죽은 말로 만들 3D 프린팅

자본주의의 속성 중 하나는 생산과 소비의 분리이다. 3D 프린팅 기술은 생산과 소비의 주체를 다시 하나로 만들지도 모른다. 1958년, 피에르 컬리포드가 창조해 1981년 전 세계 40개국에서 방영된 애니메이션 「스머프」를 많은 사람들이 기억하고 있을 것이다. 깊은 숲 속의 버섯 집에서 공동생활을 하는 스머프들을 보고 일부에서는 공산주의 이념을 그려 낸 것이라고 얘기한 적도 있다. 공산주의는 아니지만, 자급자족을 하는 그들의 삶의 모습은 공동체주의에 입각한 것에는 틀림없다.

현재의 국가로서의 이스라엘을 만든 것은 유대인 국가 건설 운동인 시온주의이며, 그 시온주의의 밑거름 중 하나가 된 것은 공동체 마을인 키부츠Kibbutz였다. 농업뿐 아니라 일부 경공업까지 공동생산을 하는 키부츠의 영향력은 이스라엘 국가 수립 이후에도 계속됐다. 국회, 군부 등의 요직에서 키부츠 출신이 차지한 비중은 전체 인구에서의 비율보다 많았지만, 최근에는 더욱 정묘해진 자본주의 탓에 그들의 진출은 많이 줄었다.

자본주의에서 생산과 소비가 분리된 이유 중 하나는 단순히 개인들의 협업으로 제조를 하기는 어렵기 때문이다. 오랜 기술 연마와 함께 생산설비를 갖춰야 했기 때문이다. 모바일 인프라가 완성되면서 기존에 오프라인에서 이루어지던 많은 서비스들이 스마트폰 안으로 들어왔지만, 그 영역은 제조가 아니라 서비스이다. 그런데 3D 프린팅 기술은 기존의 IT와 달리 직접 제조를 겨냥한 것이다.

3D 프린팅 기술은 2013년 미국 오바마 대통령이 연두 의회 연설에서 "모든 제품의 생산 방식을 바꿀 수 있는 잠재력을 가진 기술"이라고 언급하면서 일약 유명세를 탔다. 오바마 대통령이 신흥 국가들에게 빼앗기고 있는 제조업을 미국에서 다시 일으키자고 했을 때, 예전처럼 미국에 컨베이어 벨트로 움직이는 공장을 짓자고 한 것은 아니다. 그는 애플과 나이키 같은 무공장 제조회사Factoryless Goods Producers를 염두에 둔 것이다. IT와 지적재산권이 발전할수

록 본사에서는 전체적인 생산 과정의 통제와 R&D, 디자인만 책임지고, 직접적인 생산은 아웃소싱을 하는 무공장 제조업 형태가 늘어난다.

우리가 잘 아는 2D 프린터는 종이 위에 위치를 정해 문자를 출력하지만 3D 프린터는 3D 모델링을 통해 공간에 물체를 출력한다. 즉, 디지털 디자인을 이용해 소재를 적층해 3차원 물체를 제조하는 것이다.

3D 프린팅 기술은 다양하지만, 일단 FDM Fused Deposition Modeling 방식을 이해하는 것이 좋다. FDM 방식의 3D 프린터에는 헤드와 빌드 플랫폼(베드)이 있는데 헤드가 X축(앞뒤), Y축(좌우)으로, 빌드 플랫폼이 Z축(높이)으로 움직이면서 3차원의 물체를 만드는 것이다. 이때, 입체적인 물건을 미분하듯이 가로로 매우 얇게 자른 후, 얇은 막을 한 층씩 바닥부터 꼭대기까지 쌓는 적분의 방법으로 입체적 출력물을 완성한다. FDM 방식의 3D 프린터에 쓰이는 소재는 열가소성 플라스틱인데(플라스틱 중에서 녹여서 가공할 수 있는 것), 200~250도로 달구어져 있는 헤드로 플라스틱을 밀어 넣고(용융, Fused), 설계도에 따라 노즐에서 압출해 제조를 완성하는 것이다.

SLA Stereo Lithography Apparatus 방식은 최초의 3D 프린팅 기술이며, FDM과 함께 가장 많이 사용되는 방식이다. 레이

저나 자외선 등의 광원에 노출됐을 때, 액체에서 고체로 변하는 광폴리머Photopolymer 재료의 특성에 착안한 방법이다. 한마디로 액체 상태의 광폴리머 재료가 담긴 수조 위에 빛을 쪼여 액체를 부분적으로 굳혀 조형물을 출력하는 것이다.

제조업에서 본격적으로 3D 프린팅을 도입한다면 컨베이어 벨트 시스템에서 셀Cell 방식으로 전환되는 것이며, 단계별 조립이 아니라 일체형one body 생산으로 진행된다. 시장조사기관 가트너는 2018년이 되면 세계 제조기업의 25% 이상이 생산 과정에 3D 프린터를 도입할 것으로 전망했고, 영국 「이코노미스트」 지는 3D 프린터가 100년 전 미국의 포드사가 자동차 대량 생산을 시작한 것에 맞먹는 파급 효과를 가져올 것이라고 했다.

스포츠카 제조사인 람보르기니는 스포츠카 아벤타도르Aventador 시제품 제작에 3D 프린팅을 사용했고, 기존의 시제품 제작 시간 4개월과 제작비용 4만 달러를 각각 6분의 1, 8분의 1로 절감했다. 포드와 페라리는 3D 프린팅을 통해 특수 차량의 복잡한 바디패널 부품을 30~40% 절감된 비용으로 제작하기도 했다. 3D 프린팅이 가공 후 버리는 재료 비중을 크게 줄여 주기 때문이다. 3D 프린팅은 자동차 산업의 오랜 숙원이었던 '주문 생산'의 가능성을 조금이라도 터줄지도 모른다.

또 자동차 업계가 3D 프린팅을 활용할 경우, A/S 부품을 보관할 필요가 없어져 그만큼의 비용 절감도 가능하다. BMW에서는 생산 공장에서 3D 프린터로 근로자들에게 맞춤형 공구를 직접 제조해 제공한다. 소비자가 단종된 차종의 부품이 필요한 경우, 본사가 정비업체에 해당 부품의 3차원 설계도를 전달하면 정비업체에서 바로 3D 프린팅으로 부품을 출력해 차를 수리하게 될 날이 올 것이다.

이런 사례는 자동차 부품에 국한된 것이 아니다. 나중에는 온라인이나 모바일에서 주문한 상품을 택배기사나 드론 등을 통해 배송받는 것이 아니라, 가까운 3D 프린팅 가게에서 주문한 물건의 설계도의 사용 권리, 유효 기간, 고유 패스워드를 받아 그곳에서 바로 출력한 제품을 사용할 수 있을지도 모른다.

보다 사람들의 흥미를 끄는 분야는 의료 분야다. 중요하고 복잡한 수술에 앞서 CT나 MRI로 스캔한 데이터로 종양 등을 3D 프린팅한 후 미리 연습하는 것은 현재도 가능하다. 또 수술을 할 때 피부와 내장을 불가피하게 절제하는 것이 아닌, 환자의 상태에 맞게 내시경 캡을 병원에서 바로 3D 프린팅하여 내시경 수술을 할 수 있는 길도 열려 있다. 치아에 균열이 갔을 때 이에 재료를 덧씌우는 치료 방법인 크라운을 2020년이 되면 몇 분 안에 현장에서 바로 제작할 수 있게 된다.

메이키랩MakieLab과 댓츠마이페이스닷컴 같은 곳에서는 자신만의 장난감 인형이나 자신의 모습을 본뜬 피규어 인형을 제작해 준다. 메이키랩에는 성별, 피부색, 눈 모양 등에 관한 얼굴 정보, 댓츠마이스페이스닷컴에는 얼굴 정면과 측면 사진을 찍어 보내면 3D 피규어 인형을 만들어 보내 준다. 이런 방식은 향후 장난감 산업에 큰 위협으로 작용할 것이다.

밍크Mink란 이름의 3D 프린터는 소비자가 원하는 색조의 화장품을 직접 생산하고, 영국 도브테일드사는 유기농 과일을 출력하는 3D 프린터를 공개하기도 했다. 또 3D 프린팅은 음대생이나 작곡가에게 자신이 원하는 소리를 내는 악기를 제작하게 할 뿐 아니라, 문화 보존을 위해 손상될 위험이 있는 문화재나 장신구를 3D로 스캔해 프린팅하는 것도 가능하다.

더 나아가 3D 프린팅은 건축까지 일체형으로 할 수 있게 한다. 디-셰이프D-Shape란 거대한 3D로 프린터는 가로세로 6미터 안에 들어오는 크기의 모든 건물을 출력해 24시간에 경화시킬 수 있다. 버스 정류장이나 정자뿐 아니라 사람이 상상했던 기이한 형태의 건축물도 출력할 수 있다. 디-셰이프는 심지어 달에 기지를 건설하는 데도 활용될 수 있다. 지구에서 재료를 가져가 달에 기지를 지을 수도 있지만 여기에는 천문학적인 비용이 든다. 실제 디-셰이프는 달의 토양을 가지고 1.5톤의 구조물을 만드는 데에 성공했다.

1999년 재생의학자 앤서니 아탈라는 인간의 세포조직을 방광으로 성장시키는 데 성공했다. 그는 2011년에 한 강연에서 3D 프린팅한 인공 신장을 직접 공개하기까지 했다. 물론, 아직 실제로 사용할 수는 없다. 2005년에는 일본 소아과 의사 마코토 나카무라가 3D 프린팅으로 두 가지 세포로 이루어진 약 15mm 크기의 바이오 튜빙을 만드는 데 성공했다. 이는 향후에 인간 혈관을 대체할 수도 있다. 2007년에 오르가노보Organovo란 3D 바이오 프린팅 회사를 만든 가버 포르가츠는 세포를 개별적으로 분사하는 것이 아니라, 바이오 페이퍼 위로 수천 개의 세포무리를 압출하는 방식을 개발했다. 그는 3D 프린팅을 통해 닭의 세포로 기능성 혈관과 심장 세포조직을 만들었고, 실제로 심장은 뛰었다. 그가 창업한 오르가노보에서는 노보겐NovoGen MMX라는 3D 바이오 프린터를 만들었는데, 먼저 줄기세포 등에서 얻은 샘플 세포를 배양해 충분한 바이오 재료를 만든 다음, 세포무리를 압출하면 세포들은 저절로 재배치되어 인공 내장기관을 만든다. 또 상처 난 곳에 직접 분사해 피부를 만드는 바이오 프린터까지 논의되고 있다. 물론, 3D 바이오 프린팅 기술은 일부를 제외하고 아직까지는 현실에 바로 적용할 수는 없는 것들이다.

계획적 진부화planned obsolescence는 기업들의 오래된 전략이다. 상품을 출시할 때부터 수명을 단축시켜 놓아 신상품을 구매하게끔 하는 전략을 말한다. 특히, 제품 기능이 중요한 포인트가 되는 전자제품이나 자동차(자동차는 이제 기계공업의 산물이 아니라 전자제품이다)에서 이런 일이 곧잘 일어난다. 강준만 교수는 이를 '고의적 진부화'라고도 부른다. 단순히 신상품의 새로운 기능과 차별화된 기능을 마케팅하는 수준에서 진행되기도 하지만, 심지어는 제품이 쓰일 수 있는 환경 자체를 바꾸어 옛날 상품을 아예 못 쓰게끔 하기도 한다.

맥킨지는 3D 프린팅이 미래의 삶을 바꿀 기술인 것은 인정하지만 2025년에도 여전히 대량 생산은 사출 성형과 같은 전통 제조 기술이 우위를 보일 것으로 내다봤다. 3D 프린팅의 역할은 전통적 제조 기술이 하지 못했던 영역에 국한돼 사용될 것이란 얘기다. 당장에는 장비의 가격 문제 때문에 어렵겠지만 이 문제만 해결된다면 3D 프린팅은 자급자족 공동체와 진정한 프로슈머의 출현을 이끌어 낼 수도 있다. 그렇게 되면, 기존에 자본주의를 이끌어 왔던 한 축인 제조업은 그 패러다임이 크게 달라지고 심지어 붕괴될 수도 있다. 그때가 되면, 계획적 진부화란 말은 역사 속에서나 찾아볼 수 있는 죽은 말이 될 것이다.

참고문헌 및 함께 읽으면 좋은 책들

나츠메 소세키, 『마음. 그 후』, 서석연 역, 범우사, 2013년

노르베르트 볼츠, 『컨트롤된 카오스』, 윤종석 역, 문예출판사, 2000년

니콜라스 카, 『생각하지 않는 사람들』, 최지향 역, 청림출판, 2011년

더글래서 애덤스, 『은하수를 여행하는 히치하이커를 위한 안내서』, 김선형, 권진아 역. 책세상, 2010년

데이비드 브룩스, 『소셜 애니멀』, 이경식 역, 흐름출판, 2011년

레이몽 라디게, 『육체의 악마』, 양진석 역, 문파랑, 2007년

로버트 하인라인, 『달을 판 사나이』, 안태민 역, 불새, 2013년

레이 커즈와일, 『특이점이 온다』, 장시형, 김명남 역, 김영사, 2007년

마르틴 부버, 『나와 너』, 표재명 역, 문예출판사, 1998년

마리 모니크 로뱅, 『몬산토 : 죽음을 생산하는 기업』, 이선혜 역, 이레, 2009년

미셸 푸코, 『말과 사물』, 이규현 역, 민음사, 2013년

미첼 스티븐스, 『뉴스의 역사』, 이광재 , 이인희 역, 커뮤니케이션북스, 2010년

박영준, 「시조와 하이쿠의 미의식_형식적 측면을 중심으로」, 『어문논집』, 제43집, 2010년 3월

발터 벤야민, 『발터 벤야민의 문예이론』, 반성완 역, 민음사, 2005년

빌 브라이슨, 『거의 모든 사생활의 역사』, 박중서 역, 까치글방, 2011년

송석랑, 『언어와 합리성의 새 차원』, 충남대학교출판부, 2003년

슬라보예 지젝, 『당신의 징후를 즐겨라』, 주은우 역, 도서출판 한나래, 2006년

아도르노와 호르크하이머, 『계몽의 변증법』, 김유동, 주경식, 이상훈 역, 문예출판사, 1996년

아이작 아이모프, 『파운데이션』, 김옥수 역, 황금가지, 2013년

알랭 드 보통, 『나는 왜 너를 사랑하는가』, 정영목 역, 청미래, 2007년

알랭 드 보통, 『뉴스의 시대』, 최민우 역, 문학동네, 2014년

알렉산더 융, 『화폐 스캔들』, 송휘재 역, 한국경제신문사, 2012년

알프레드 알바레즈, 『자살의 연구』, 최승자 역, 청하, 1995년

앤서니 그린월드, 마자린 바나지, 『마인드버그』, 박인균 역, 추수밭, 2014년

에릭 슈미트, 『새로운 디지털 시대』, 이진원 역, 시공사, 2013년

올리버 색스, 『아내를 모자로 착각한 남자』, 조석현 역, 이마고, 2008년

이나가키 료스케, 『토마스 아퀴나스 신학대전 새로 알기』, 조규상 역, 가톨릭출판사, 2011년

이문열 편, 『이문열의 세계명작산책』, 살림출판사, 1996년

이삼성, 『제국』, 소화, 2014년

이언 레슬리, 『타고난 거짓말쟁이들』, 김옥진 역, 북로드, 2012년

이종식/신동희, 「사용자의 성향 기반의 얼굴 표정을 통한 감정 인식률 향상을 위한 연구」, 『감성과학』, 17권, 2014년 3월

임철규, 『눈의 역사 눈의 미학』, 한길사, 2004년

자크 데리다, 『그라마톨로지』, 김성도 역, 민음사, 1996년

장 보드리야르, 『소비의 사회』, 이상률 역, 문예출판사, 1992년

조은정, 「반 고흐의 자화상 전 작품에 관한 연구」, 영남대학교 대학원 석사논문, 1999년

존 스튜어트 밀, 『자유론』, 김형철 역, 서광사, 2002년

질 들뢰즈, 펠릭스 가따리, 『앙띠 오이디푸스』, 최명관 역, 민음사, 1994년

키아라 프루고니, 『코 앞에서 본 중세』, 곽차섭 역, 길, 2005년

페터 코슬로브스키, 『자본주의 윤리학』, 이미경 역, 철학과현실사, 1999년

폴 오스터, 『달의 궁전』, 황보석 역, 열린책들, 2006년

프리드리히 니체, 『선악을 넘어서』, 김훈 역, 청하, 1982년

플루타르코스, 『수다에 관하여 : 플루타르코스의 윤리론집』, 천병희 역, 숲, 2010년

피에르 부르디외, 『구별짓기』, 최종철 역, 새물결, 2006년

한민주, 「인조인간의 출현과 근대SF문학의 테크노크라시」, 『한국근대문학연구』, 25권, 2012년 상반기

한스 게오르그 가다머, 『진리와 방법』, 이길우, 이선관, 임호일, 한동원 역, 문학동네, 2007년

한스 모라벡, 『마음의 아이들, 로봇과 인공지능의 미래』, 박우석 역, 김영사, 2011년

한유주, 『달로』, 문학과 지성사, 2006년

헤겔, 『정신현상학』, 임석진 역, 한길사, 2005년

헤로토도스, 『역사』, 박현태 역, 동서문화사, 2008년

구글이 달로 가는 길

오래된 IT와 새로운 인문학의
사상 첫 대화가 시작되다

초판 1쇄 발행 2015년 8월 10일
초판 2쇄 발행 2016년 12월 10일

지은이 편석준
발행인 이선애
발행처 도서출판 레드우드
출판신고 2014년 7월 15일 (제25100-2014-000048호)
주소 서울시 강남구 밤고개로 26길 50 강남한신휴플러스 607동 202호
전화 070-8804-1030 **팩스** 0504-493-4078
이메일 redwoods88@naver.com
블로그 blog.naver.com/redwoods88

값은 뒤표지에 있습니다.
ISBN 979-11-953324-58 03320